植芝翁先生の教え

早川宗甫 談
愚朗 編

講談社エディトリアル

在りし日の早川宗甫師父《シーフ》

はじめに

和道の師のことを「師父（シーフ）」と言います。

私の師父は早川宗甫《そうほ》氏です。その師父が平成十二年（二〇〇〇年）に亡くなってから、二十年以上が経ちました。

出会いは昭和五十三年（一九七八年）の七月頃。当時、私は川崎市に住んでいましたが、そこに故郷の金沢から遊びに来た友達が、「変わった武道家がいる。武道と宗教は同じだと話された」と言います。ぜひ一度、会って話を聞いてみたいと思って、そう伝えてもらったところ、「三十分間なら会ってもよい」との返事。それがきっかけでした。

一回だけのつもりでしたが、三ヶ月後には川崎から金沢に引っ越し、家族そろって師父のもとで弟子として学んでいました。

師父の亡くなった後は、一番古い弟子の方と稽古をしていましたが、その先輩もまもなく他界。ほかの弟子の皆さんもだんだん老いてくるなかで、私も脳梗塞で入院する羽目になってしまいました。そうして我が人生を振り返ってみると、師父の身体を指圧しながら、二人きりでいろいろ話したことが思い出されてきたのです。

師父は、一番大切なこととして、「人の道にはずれたことをするな」「嘘を言ったり人をだましたりするな」と言われました。その教えを守りながら、私は今日まで歩んできました。そして、師父から生の声で伝えられたさまざまな言葉を一人でも多くの方々に知ってもらいたくて、師父への感謝の気持ちをもって、まとめることにしました。

本書は、そうした師父の数多くの話のなかから、特に植芝翁《おう》先生の教えとして語られた言葉を選び出したものです。

植芝翁先生は武道家で、合気道の創始者（開祖）として広く知られています。明治十六年（一八八三年）、和歌山県西牟婁《にしむろ》郡西ノ谷村（現在の田辺市）の生まれ。本名は「盛平《もりへい》」ですが、弟子たちは敬意と親しみを込めて「翁先生」と呼んでいました。

身長一五六センチながら、巨漢の大相撲力士を投げ飛ばす、名だたる武術家を瞬時に組み伏せるなど数々のエピソードを持つ翁先生ですが、一方では、自ら創始した合気道を国際的武道にまで育て上げた功績が認められ、紫綬褒章、勲三等瑞宝章などを受章されています。亡くなられたのは昭和四十四年（一九六九年）のことでした。

本書は、その植芝翁先生が師父・早川宗甫に語った教えを、私が師父から聞いて記録したものです。ですから、本文中の「私」「俺」「自分」は、師父＝早川宗甫を指しています。

また、登場人物には現在も有名な武道家が多くいますが、一部はイニシャルで表記させていただいたことをお断りしておきます。

愚《ぐ》朗《ろう》

装幀／KEISHODO GRAPHICS（竹内淳子）

植芝翁先生の教え

合気道とは人のため、国のために役立つことだと植芝先生は言った。

「合気道じゃない、合気じゃ」と植芝先生が言っていました。


植芝先生は私に「商売にだけはするなよ」と言いました。

マスコミに載ったらもう終わりです。

恥ずかしくて見せられますか。


植芝先生は、禅の極致へ行った方です。

常に「なるほど」という気持ちが大切です。

「良いことをしてあげた」

してあげて満足するなんて、とんでもない。
すべてその瞬間に流しなさい。
道理から外れたことをしてはいけません。
超能力なんてありません。
誰もが持っているものであり、脳の中に潜んでいるだけです。
それを使わないだけです。
いったん身体で覚えたら忘れなさい。
脳が覚えて、必要な時に出てきます。

くだらない見栄で、捨てきれないために本当に生きることを忘れてはいけません。

分かっても分からなくても教えを受ける者、叱られて、うんと考え込んで伸びる者は見どころがあります。

伸びるために来る者は大切にしなさい。
上手《うま》かろうが、下手《へた》であろうが、ひたむきな姿が尊い。

人間は、自分にあるものを見出してくれる人を見ると「うん」とうなずくけれど、たとえボロクソに怒られようが「うん」と聞いて己の向上のためにする人を見ると、それを言った人間が「うん」とうなずくようになる。
人間の心を見て、人を指導するには、喝《かつ》を入れていただかないと分からない。

私は老師にバシバシ叩かれる瞬間に、喝なのか試しなのか見抜くために、フラフラになった。

その意味を「分かる」「分からない」を抜きにして瞬間に感じるようになりました。


禅で「大切にしろ」とか「可愛がる」とかは、深い意味があり、伸びるために喝を入れろということです。

スキのない人間になって、そしていずれスキだらけの人間になること。

時々、植芝先生の写真と話し、教えていただきます。

これからの日本、世界、人間のことを考えて行動することが合気であり、それを誰かがやらねば、これからの世の中はどうなる。

指圧を四時間も五時間もやらされた時、初めはなぜそんなにさせるのだろう、指を強く鍛えるためにさせるのか、と思ったけれど、やっているうちに気のついたことは、己も相手も気持ちが良くなり、いくらやっても疲れず元気になっていた。

そして、思うことを体得した時、植芝先生が合気柔術の極意の免許をやろうとおっしゃいました。

植芝先生が小便をしている時、襲ってやろうと私が思った瞬間「いたずらするな！」と一喝されて、びっくりした。

後で謝りに行って聞くと、瞬間、頭の中に風みたいなものを感じた、いつもより鋭かった、と言われました。

私のことも、生田禅僧が陰で襲おうとした。

何かの気配を感じて、スーっと撫でたら、庭に飛んで行った。

それを見ていた老師〔生田禅僧やシーフの師匠〕が、生田に「貴様のような奴は、すぐ出ていけ」と言って、その日にすぐ追い出してしまった。

それから三ヶ月後に生田が帰って来た時は、素直になっていました。

素直でないと学べないのです。
心の結びつきがないと学べません。
技だけを追い求めていた時は、分かりませんでした。
老師について心が分かってから、植芝先生の合気の極意が分かりました。

師が死んだら、必ず後悔するものです。
植芝先生の神の話はよく分かりました。
植芝先生も、「話の分かるのは、お前だけじゃ」と言ってくれました。
死ぬことは怖いです。

でも、やらねばいけないのです。

世界のこと、これからのこと、それらを思うと、いてもたってもいられず、海外へ飛び出しました。

計算やそんなものではなく、動かねばいけない時期が来るものです。

植芝先生や老師に教えられたのは、
心は写真の映像と同じだ、心も映像も同じだ、
ということ。
その時、分からなくても、いつかこのことではないかということが分かり、またやってみると、このことだと確信が持てるようになるものです。

心も、そのまま素直に写すことが大切です。
はっきり写すことです。

男が伸びるには、陰の力になる妻の力が大きい。
そして、妻が表に出てくるようになっては、男は伸びない。

何か苦しいことがあると、植芝先生は笑っている。

老師は、植芝先生のことを禅の極致だと言います。

インドに昭和二十七年に渡って、百歳くらいのヨギに、ヨガをやるのには一生かかると言われた。

そして、ヨガのポーズはヨガの一部分で、別にやる必要はない。心法《しんぽう》をやりなさいと言われ、やるのなら呼吸法と動作の武道的なものを習って、呼吸に合わせる動作をやり始めました。

それを研究して、日本に帰って植芝先生に見せたら、それがヨガの極意であり、合気の極意で、「悟ったな」と言われました。


信仰とは、神とか仏とかアラーとかが自分自身にも宿っていることを、どこまでも信ずることです。

自分自身を信じきれる人間が、植芝先生のようになれるのです。

植芝先生のような方は、何百年に一人でしょう。
ただ、未来は分かりません。

植芝先生の神道で説かれたことをヨガの瞑想に求めたのだけれど、何か足りなくて、フランスで大脳生理学や催眠のことを学び、日本に来てすぐアメリカへ渡ろうと思った時に出会った老師が、植芝先生をよく知っておられて、禅を学んで、植芝先生の言っていたことが具体的によく分かるようになりました。

砂泊フサ子さんが、インドへ渡る時、「早川さんの頭から上る霊気は翁先生と同じで、おかしいですね」と言われたら、翁先生は「何がおかしい」と言われた。

タイで、キックボクシングのチャンピオンを、素手で一発で仕留めた。

すべて一発です。

合気をする者は、突き蹴りのことが苦手であってはならない。

私の三十代は、植芝先生のことと、東南アジアのことだけを考えていた。

植芝先生は、「動けば技にならなければいけない」と言われた。

大老師は、「覚えたら、すべて忘れさせろ。頭で覚えるのではなく、身体に覚えさせろ」と言われた。

東嶺《とうれい》和尚は、「一挙手一投足が芸術でなければいけない」と言われた。

合気にしても、沖縄空手の昔の者はみな指圧もやったし、坐禅もやった。植芝先生の教え方は、肝経《かんけい》がどうでここに響くからどうとか、健康面のことも言ったし、長い眼でいろんなことをやったのです。

今の空手にしても合気にしても、スポーツになり、商売になり、純真さを失ってしまったのです。

鷹爪《ういじゃお》は子供の頃の草むしりから学びました。

植芝先生の身体も、触っていると、足も身体もポッカポッカとほてって仕方なかったものです。電気が流れていたよ。私と同じだった。

そして植芝先生の身体から、精気を受けるのです。


植芝先生の身体を、毎日四時間、揉まされたものです。

私は老師を信じているわけでも、信じていないわけでもない。

自分自身を投げ出してかかるのだ。

そして、すべてを受け入れてみる。そうして初めて自分自身を信ずることが出来る。そうしないと分からないのです。和道とは、投げ出して受け入れてみることです。

植芝先生は言われました。
独学は大切だけれど、自分勝手に自己満足してはいけません。
それを知っている方に、それで良いのか聞きに行く姿勢が大切です。

釈迦も、痛い時は痛いと言ったという。
そして、弟子にさすらせたと言う。
植芝先生も同じだった。
それが、とりもなおさず弟子を育てることであったのだ。

Sのお父さんの習った方は、「スキがあったら杖で突いてこい」と言われ、暗闇に隠れて腹を突いたら、当たる寸前、杖をつかんで押さえた。
突かせたのなら、まだまだだ。
植芝先生や老師なら、やる以前に「やめなさい」と言うよ。
それ以前に見抜いてしまうよ。

植芝先生は、無敵と言われていた。
初めから敵はいないのだから、
勝ちも負けもない。
そして、敵対するようではまだまだである。
一体になるのだ。

相手と一つになるとは、気持ちが一つになることである。
この生命は、過去も未来もない。
ただ、今しかないのだ。
過ぎたことも何もないのだ。
この今しかないのだ。
一期一会《いちごいちえ》である。
永遠に今である。

生活の動きがそのまま出るのだ。
心がそのまま出るのだ。
形はただ癖を造る練習なんだ。

だから、その基礎づくりを子供の頃や修行時代にやらされたのだ。植芝先生には、草むしりや水汲みをやらされたり、風呂を沸かすのをやらされたりした。湯を手で混ぜると、初めからやり直しだった。「師より先に風呂に入るとは何事だ」と言われ、湯加減は湯気を見て感じ取るのだった。それでもひどい時は、三回、水汲みからやり直しをさせられた。後は、心法のみである。

外地で勉強になったのは、空手四段の奴がナイフで刺されて送り返されたこと。

反対に、武道を何も知らない者が三人もやっつけたりしたこと。

技術なんて知らなくても、日常やっている動作で戦えるものである。
大切なのは、心だけである。
その人は、テニスのボールを打つ格好で、皆やっつけた。
そのことを植芝先生に言ったら、それが合気だと言われた。
心法が合気なんだ。

子供の頃の修行や、植芝先生の修行時代は、結局、辛抱強い人間を育てるためだったんだ。
それが心法の基礎工事なんだ。

戦いに勝つとは、自分の心に勝つということに尽きるのだ。

植芝先生の合気とはこのことであり、それで初めて、世のため人のためになるのだ。
その肝心な基本が抜けている武道は、闘技で何の役にも立たず、害になるのだ。

植芝先生の当ては見えなかったよ。
あっと思ったら入っていた。
俺は昔からコピーが上手いんだ。
植芝先生そっくりだと言われたよ。

人を指導しようと思ったら、どうしても自分を叩いてくれて、アドバイスしてくれる人が必要なのだ。

それが植芝先生であったし、老師であり、風心和尚であった。


植芝先生は禅にも通じている方だった。

人間らしい眼になったのは、植芝先生と出会ってからで、決定的に変わったのは老師に会って、そうかと分かってからだ。

それまでは、底光りした目で怖い、と言われたよ。

私の顔を見て逃げ出したのが何人もいるよ。


植芝先生は、筋肉の鍛錬をして力を強くしようとしている奴に、「どこに力をつけるつもりか?」と問われ、「必要ない」と言われたよ。

今まで、あなたは人を斬りましたね、と五人に言われた。

一人は武道家だった。一人は、植芝先生の門人で「人斬り村重」と言われた村重有利《ありとし》先生。

そして、老師と一緒に長浜の刀を磨く方のところに行き、「関の孫六」を見て、これは良い刀だ、と言ったら、あなたは人を斬ったことがありますね、と言われた。

それを聞いた老師が、この子は人も斬れれば、犬も斬ったことがあるし、大根も斬ったことがあるし、何でも斬ってきた奴だ、と言われたよ。

何かフッと変わるのだろう。
それで分かるのだと思う。

武道も、チョンマゲ時代の研究をせねばならない。
それはみな、禅が入っていっているんだ。
今の武道に心はない。
植芝先生の言いたかったのは、心だった。

合気道の本部道場でやった人が、植芝先生のやった合気は和道にしかないと言う。
和道こそ、合気そのものだと言っていた。

本物と偽物の違いはどこか。

禅坊主でも、本物はちゃんとやることはやっているのに、何もやっていない顔をしているものだ。

反対に偽物は、口でうまいことばかり言って、さも坐禅をやるのだという格好をつけているものだ。

構えているよ。


植芝先生はひょうひょうとしていたよ。

ああいうふうになりたいものだ。

張祖師に子供の頃、水月《すいげつ》を突かれて七転八倒して転げまわり、それを五回くらい繰り返すと、無意識で受けているものだ。

人間には誰でもそんな働き本能があるのだ。

植芝先生の昔の稽古は実に厳しいもので、この技はどうするのですかと聞いたら、じゃあ来いと言って手を嫌というほどねじられて、腫れて使えなくなったよ。

それでも負けるのが大嫌いだから分かりません。もう一度教えてくださいと言ったけれど、またやられ、三十回投げられ、立てなくなるくらいやられたよ。

兄弟子をその技で無意識に投げた時、植芝先生が「お見事」と言ってくれた。

この時に、身体で無意識に覚えるものだと思った。

それには、痛い目におうて身体で覚えることだ。

今の合気道の入身《いりみ》はかわして入っていっている。

植芝先生やババ様の入身はかわすのではなく、スーっと気を感じたら、そのまま出鼻に入っていくのだ。

それが本当の入身である。


植芝先生の眼は非常に澄んでいた。

対すると、深い澄んだ眼に吸い込まれていく感じであった。

ああならねばいけないな。

そうしたら、相手に対するのでも、初めて見えるようになり、それからいつかは来ようとする奴を、眼で押さえることが出来るようになるよ。

張祖師の突きや蹴りは見えなかった。
動いたのは分かったけれど、何をしたのかは分からなかった。
瞬間に元に戻っていた。
植芝先生は、蹴るために足はあるのではないと言っていた。
蹴る必要がなかったのであろう。
でも修行した時に、たまにローキックをされたことがある。
実に見事なものであった。
無意識に、時と場合により、蹴りも自然に出たのだ。

昭和二十七年に植芝先生のところで修行していた時のこと。

あの当時、多摩川で砂利工事のアルバイトをやり、八万円稼いで、十分の一の八千円で生活して、その他の金は植芝先生の神棚に置いておいた。

それは、師に対して当たり前のことであったのだ。

第一・「競わず」
むやみと余計な競争心を駆り立てないこと。
第二・「てらわず」
自分を自分以上に見せようとしないこと。

第三・「瞳を動かさず」
落ち着かぬ態度で辺りをキョロキョロ見まわさぬこと。
第四・「静かなること、木鶏《もっけい》の如し」
木鶏の如く、静かに自己を見つめること。「深沈厚重《しんちんこうじゅう》」とは、「木鶏」の魅力に他ならない。

私は、何々になりたいとか、何々をして成功しようとかいう気持ちは全くない。
ただ一つ、種子を残したいということを、十五歳から思い続けた。
現在もそうである。
だから乞食でも出来る仕事なんだ。

浪人になりたいという気持ちだけは一貫している。
良い種子を残したいと植芝先生に話したら、それが神のお告げだと言っていた。

ボルネオの奥地に私の息子がいるけれど、非常に良いところだ。
私も一時そこに住もうと考えた。
でも、私が住めば必ず文明が入ってくる。
それでは、そこが文明で害されると思い、
そんな文明に害されない未開地も、人間に必要だと思った。
それも、種子を残すことになるのだと息子に話した。
その時は分からんでも、必ず分かる時が来ると思う。

それを植芝先生に話したら、喜んでくれていた。

それが神のお告げだと話された。


植芝先生と最後に会った時、だいぶボケられていたけれど、肝心なことになると、眼を輝かせていた。


船越義珍《ふなこしぎちん》先生〔沖縄出身の空手家〕と植芝先生は、あの時代の人だからよく似ていたよ。

練れていたよ。

人間的にだ。

植芝先生は八十歳を過ぎていても、合気は未完成だと言っていた。

完成なんてないのだ。

一生修行である。


無種子三昧になるには、意識が働いてはいけない。

植芝先生のように、相手の心が瞬間に読めるようになるには、呼吸法を生活の中で、行住坐臥《ぎょうじゅうざが》、精一杯やっていくしかないのだ。

小便している時でも、道にかなっていなければならない。

今は平和だから、のんびりしているけれど、戦争中、二度襲われたよ。

一度は拳銃、二度目は突かれた。

でも、幸いに不覚はとらなかった。

潜在意識は知っているのだ。


師について学ぶには三つある。

一つは、躾をしてもらえる。

二つは、芸術（仕事）を教えてもらえる。

三つは、師に対して少しの批判もあってはならないし、尊敬出来る人に付くべきである。

中国人には、それがある。


師は絶対である。

私は植芝先生が好きである。

ただ好きである。
だから、一つの言葉を粗末にしてはいけない。
ないがしろにしてはいけない。

翁先生は人間離れしたところがあったよ。
合気そのものだったよ。
子供を育てることそのものが合気なんだ。

悪い奴ほど、善い方に変わりやすい。
昔、ヤクザの奴と喧嘩になり、首をつかまれた時、グッと睨みつけたら気絶した。

後で聞いたら、電気が来て血の気が引いていったということだった。それを植芝先生に言ったら、「ワシより凄い。わしは投げんとダメなのに、睨んだだけでとは」と冷やかされたよ。そいつが堅気になれるように話をつけてやって、働いたら真面目になったよ。

善も悪も、紙一重だということである。

九歳から中国拳法を学び、十三歳からは沖縄空手を学び、合気は植芝先生が五十歳を過ぎてから、悟ってからのものを教えていただいた。

植芝先生は、「皆に来いと言っているのだから来ればいいのに、難しいことばかり言って分からないからと、来ない」と話されていた。

それらのものを基礎として、昭和二十七年、インドへ渡ってヨガの瞑想をやり、フランスへ行って合気拳法をやり、心理学を学び、禅を老師についてやってきた。

七年前に頭の神経が切れて半身不随になり、もう一度倒れたら命の保証はないと言われ、いろいろグルグル今まで学んできたことを思い出して工夫しているうちに、現在の柔らかい経絡捌《さば》きが出来て、力が要らなくなった。

老師から「やわらぎ」にしろと言われ、こういうものが出来たのです。

赤ん坊でも精神感応を起こす。

気を感ずるのだ。
動物も同じだ。
サボテンですらそうだ。
同じ肥料で育てても、可愛がったのと憎しみを抱いてやったのでは、成長が違うのだ。
植芝先生のように、植物の草や木と話したというのは大変なことなんだ。

植芝先生が偉いというより、誰でもそうなれるのだ。
ただどう思うかで、人生は決まるのだ。
植芝先生のようにやれると思うか?

初めからやれっこないとあきらめて、思い込んでしまうか？
すべて思う心から始まるのだ。
どう思うかで、人生は決まるのだ。
植芝先生が特別なわけではない。
ただ、それを信じてやっただけである。

私は、いろんな人に教えられた。
老若男女なんて関係ないのだ。
自分を捨てきって、素直に相手に接して学ぶことだ。
でないと学べない。
それで初めて自分を大きくすることが出来るし、どんどんいろんな人から学ぶべきである。
張祖師、植芝先生、老師などのいろんな方から教わってきた。
そこで自分を出していたら、和道は出来ていなかったよ。
極意とは、結局一つである。
一つのことを言っているのだ。
完全なる自己否定が大切である。

植芝先生の「動けば技になる」とは、呼吸と動きが一体になると、
それがすべて技になるということだ。
ゆっくりと息を長く吐いて、吸う息を早くやっていく練習をするのだ。

健康法の太極拳だから武道として使えない、というのは嘘である。

呼吸と動きが一つになると、どんな時でもものすごい技になり、みな技になり、威力を発揮するものだ。

無種子三昧になるとそうなるのだ。

それを植芝先生は、動けばすべて技にならなければいけないと言ったのだ。

技にとらわれた動きの練習をしていても、役に立たぬ。

やろうとする心があってはいけない。

和道は、完全なる自己否定の道である。

どんな形から入ろうと、植芝先生は大本教から入り、私は禅だったけれど、達するところは同じなのだ。

合気の極意は心と心が合うことだ。

そして、皆「思う」ということが一番大切なのだ。

これだということが分かった。


植芝先生の身体に触れると、柔らかく、ホカホカ自分の身体がほてったものだ。


植芝先生に、毎日四時間、身体を揉まされた。

そうしているうちに、指が全部腫れたりしたけれど、合気をやっている時、つかんだりすると、それだけで相手は飛び上がっていた。
相手の技も効かなかった。
自然にそうなるのだ。

「気」とは思うことである。
そう想像し、そう思い、そう信じ、そう行動し、そう成る。
言葉に出して言う、バイタリティを与える、そう行動する。
これらを中国人は「気」と表現したのだ。
これは理屈ではなく、ただやるだけだ。
合気の先生や拳法の方が「気」と言っても、本当は知らないのだ。
そう思うと、そう成るのが「気」である。

植芝先生や張祖師に言われたことが、戦争やいろんな体験を通して本物だったし、本当だったよ。

やっていて相手が止まって見えるように感じ、スルスルと技が掛けられるようになった時、植芝先生にお聞きしたら、それは観の眼が開かれたのじゃとおっしゃった。

心の眼が相手のスピード以上に早くとらえるから、ゆっくり見えるのだ。

相手の動きの速さと一緒に動くと、止まって見えるのだ。

植芝先生は、合気道とは言わなかった。

私には「武産合気《たけむす》をやりなさい」と言われた。

張祖師に学んだ拳法の動きと合気の動きが非常に似ていたのと、禅と植芝先生の話は似ていて、よく分かった。

そして、「お前にはワシが五十歳以降悟ったことをみな教えた」と言ってくれた。


禅は方便なのだ。

宗教ではないのだ。

禊《みそぎ》も禅だし、鎮魂も禅だ。

植芝先生は神道を極められていたから、全部分かるのだ。

結局同じだ。

突き詰まるところ、同じなのだ。

植芝先生は、私に治療を商売にするなと言われた。
そして、他の商売もダメだと言われた。
何で飯を食うか？　一時期、悩んだことがあったよ。
でもそれは、その人その人の分があるから、それぞれの分を果たせばいいのだ。

ワシ達夫婦には子供がおらん。
植芝先生や老師のように歳をとっても、若い者に囲まれて一緒に交わってやるには、今を一生懸命磨いて修行していくしかないのだ。

二人で寂しく生きるのも方法かもしれないけれど、私はそうしたい。

植芝先生、老師から、人造り国造りのために生きろと言われてきた。

それは、種子を育てていくことが大切なのだ。


Kさんの六ヶ月後、女性問題で苦労するということが分かるのは、気配で分かるのだ。

そして、その状況がはっきりと映像として眼に浮かぶのだ。

手の格好や、そわそわする姿勢がどうのこうのではない。

私も、張祖師や植芝先生、老師がパッと当てられるのでビックリして、なぜ分かるのか不思議だったけれど、誰でも心をゼロにすると分かるようになる。
脳で感じるのだ。
それを「気配で分かる」と言うのだ。ユタッとしていると分かる。
植芝先生、老師の教えの流れとして、和道は人造り国造りだ。
でも、百人にそれを言っても、やる者は何人もおらんし、強制も出来ん。
やりたい人がそれを継いでいくのだ。
植芝先生の相手が攻撃してくる時、先に光が当たるというのは本当だ。

人は、いろいろなオーラが出ているのだ。

それが分かるようになるよ。

どうすれば見えるようになるかというと、それは呼吸に集中していくしかない。


釈迦はいろいろな苦行をされたけれど、あることが分かってから、しなくなったという。

それは、呼吸法なんだ。

坐禅である。

私のやっている和道は、呼吸法なんだ。

呼吸でしか植芝先生のようになれる方法はない。

植芝先生の湯気の訓練、勘の養成はすべてに通じるのだ。
一つのことはすべてに通じる。
それが脳に条件反射化して、すべてに感ずることが出来るようになるのだ。

一つ自分のものを摑《つか》んでしまうと、中国拳法も日本の武道もない。
ただ形が違うということに過ぎないのだ。
植芝先生の段階になると、そんなものは関係ない。
自分のものを持っているからだ。

毎日四時間、植芝先生の身体を揉まされたことで、ツボに無意識に触れるようになった。釈迦も阿難《あなん》に同じことをさせた。それは、本当の知恵を身につけさせるためであるし、何でも出来るのが宗教家だったのだ。

要は楽しんで生きればいいのだ。

ただ、それぞれ何を好きになるかが問題である。

張祖師や植芝先生に流れている同じものが、自分にも流れて、それを好きになっているのを感じた時、使命を感じるよ。

過去三度、盲目になって希望を失った時、それを支えてくれたのは老師だった。
そして、張祖師や植芝先生の教えだった。
それでここまで生きてこれたのだ。
老師に出会っていなかったら、メチャクチャな生活の方向に行っていたであろう。

経絡に無意識に触れるようになるには、どうすればいいのですか？
揉む以外にないのだ。
私は、植芝先生の身体を毎日四時間揉んで、身につけた。
張祖師にもそうさせられたよ。
そうすることにより、指で覚えるのだ。

頭ではない。

強い奴でも戦争の殺し合いになると、皆やられてしまう。
そこに剣術と兵法の違いが出る。
戦争の時、役に立ったのは、ババ様と植芝先生に習った入身である。
何人いようと、死角に入った途端やってしまっているよ。
心の働きを自由にして無心で動けなければ、何にもならん。
空手五段の奴が、タイで多数とやって、つかまった途端に刺されて重傷を負った。
昭和三十七年に、八王子でも友人が町の愚連隊と多摩川で喧嘩して、やはり刺された。

そういう時でも、如何にしたら逃げられるか。
反対に、武道を何も知らない人が、多数を次から次へとやってしまった。
テニスの動作で、ボールを叩く格好でやっつけてしまった。
形やパターンを決めたって、一人や二人ならいいけれど、多数ではダメだ。
結局、心法以外ない。

植芝先生に、修行時代、毎日身体を揉まされて、先に眠ると木刀で頭を叩かれて叱られたよ。
師より先に眠る奴がおるか、と。

便所へ行った時でも、出て来るのを待っていて、手ぬぐいをサッと出したものだ。
その気を配るところが、修行でものすごく大切だと後で分かった。
張祖師は、形をやったら必ず相対で使い方を教えてくれた。
それで意味が分かった。
そして、すぐ忘れろと言っていた。
前頭葉で覚えているうちは使えないのだ。
みな潜在意識にしまっておくと使えるのだ。
植芝先生、張祖師、老師、大老師、祖母などに教わったことは一つだった。

結局は、人間には自分を守る働きがあるから、それに任せきれる脳を造る以外ないのだ。

それには、呼吸に集中していくしかないのだ。


突き一つとっても、俺の真似では仕方ないのだ。

自分のものが出て来ないといけない。

それには理屈はいらん。

やってやってやり抜かんと出て来ない。

そうすると、自分のものが出て来る。

初めから自分の突きなんてやると、師から叩かれるけど、初めは真似を徹底的にやっていくと、スーっと抜けて、自分のものが出て来る時があるのだ。
それが出て来る形は同じでも、中身がまるで違って来るのだ。
空手でも突いて行くと、受けた奴がよろめくのだ。
真似では一つも進歩がないのだ。
柔道がなぜ伸びたのか。
それは、皆それぞれで自分の技を造り出してきたからだ。
形だけ真似をして、進歩がないのでは仕方がないのだ。
植芝先生も情けないと言って嘆かれていたよ。

構えている相手を見ていると、虚の一点が見えるのだ。
その点に向かってスーっと突き出すと、相手は受けられないのだ。

以前、和道流のSさんという人が、ものすごくスピードがあるし、皆が言うので、それでは一手お願いしますと言ってやったことがある。確かに他の奴よりは速いけれど、こちらは植芝先生の当てや手刀を受けていたから、今と同じでフワッと受けたらびっくりしていたよ。

反対に突いたら、受けられないんだ。

結局、一人で突いている分には速いかもしれないけれど、人間対人間の場合、それ以外のものがあるのだ。

今来る、というものがある。

それが分かると、スピードは関係ないのだ。

こんな緩い突きを、相手が速いと感じるように出来るようになったのは、最近だ。

以前は、一気五拳で手の筋が伸びきって使えなくなるくらいまで、突いて突いて突きまくったものだ。

合気の力脱《ぬ》きは極意になっているけれど、肩の力を脱き、腰の力を抜くのだ。

相手がどれだけ力を入れていようと、腰の力を脱くと、相手はどうしようも出来なくなる。

植芝先生から、その力脱きの極意をどこで覚えたんだ、と聞かれた。

それは、張祖師から酔拳《すいけん》で教えられたんだ。

人間の脳は、実に素晴らしく出来ているんだ。

やはり徹底的に変わったのは、フランスに行った時だ。弟子の中にイギリス人夫婦でユング派の深層心理学のソルボンヌ大学の教授がいて、それが縁で大学の聴講生として学びに行っていた。

植芝先生が立っている時、幼児が棒で足を叩いた。わざとそうさせたのかと思った。その時、翁先生が「ワシもまだまだだ」と言った。「子供の無邪気な動きにはかなわぬ」と言った。ピストルの弾でさえよけた方が、幼児の棒はかわせないのだ。

合気の極意は→←だと拳を交差させ、これだと翁先生が言った。

今になって思うには、相抜けのことなのだ。

相打ちより一歩出たものである。

これは相手を傷つけず、己を傷つけず、相手が敵意を持ったら、その力で倒れて行くものである。


昔の若い頃の翁先生は、弟子が喧嘩に負けると「この未熟者めが」と叱った。

立川と福生《ふっさ》警察署に殴り込みをかけて、二十数名の者をかすりもせずに倒したと言ったら、翁先生が喜んでいたよ。

そして、内弟子五名に木刀を持たせて打ち込ませ、それをかわした時、「それまで」と言われ、「酒に酔わないでもシラフでそれが出来るとは、よくそこまで修行した」と喜んでくれ、「合気の極意は→←だ」と話された。

子供の頃、ご飯を食べている時、箸を口に持って来る時に、祖母が手を顔の方に叩いたので自分の箸で喉を突いた。ヘドが出るほど苦しかった。それからは、前から箸を持って来なくなったよ。祖母が、そんなご飯の食べ方をしていて、もし敵に襲われたらどうするのだ、と叱ったものだ。植芝先生と食事をしていた時、言われた。

オヌシ食事に油断がない、と言われた。
祖母に教えられたことが無意識に出ていたのだ。
そして、祖母にこう教えられたと話したら、ンーとうなずかれて、
武芸者だったのだなと感心されていた。
翁先生は日常生活すべてにスキがなかったよ。
昔の人の躾は、そのようになされたのである。

張祖師に教えていただいたこと、船越義珍先生や翁先生、糸満の先生、老師など、いろいろな教えが分かるようになるのは、死ぬような修行をして、年が行って人に教えていて、あゝこのことをシーフは言っていたのだな、ということが分かるんだ。

いつか分かるよ。

インド人みたいに理屈っぽくて哲学的で嘘の多い人種は、どうも好きになれん。

奴らの世界では、働く人間は下賤の出なのだ。

瞑想はあくまで瞑想で、何千年もヨギがいるけれど、町はライ病患者やら乞食やらばかり。

いったい何になるのだと思った。

瞑想ばかりしていても、世の中は変わらないのだ。

沖正弘あたりがヨガ、ヨガと言っているけれど、そんなにヨガで健康とか幸せになれるものなら、町はこれだけブームになっているのだから、良い世の中になってもよさそうなものだけれど、一つもそうなっていない。ますますおかしくなってきているよ。瞑想ばかりしていても誰かが食わせてくれるのなら別だけれど、ヨギばかり集まっていても、世の中一つもいい方向に変わらないのなら、何にもならんのだ。そう思ってフランスへ渡った。

それと、グニャグニャやるヨギは商売人で、本物なんていないのだ。フランスでユング派の教授から学んだ催眠の方が、よっぽど役に立ったよ。

帰国してから植芝先生に報告に行ったら、それが武産合気だと言っていた。

張祖師も、翁先生も、老師も、すべてが基礎、今が基礎だと話されていたよ。

今までやってきたことすべてが基礎なんだ。

楊式《ようしき》の中国の第一人者が、推手《すいしゅ》で岩のように硬かったと言うけれど、それからもう一歩抜け出ると、綿のように柔らかくて、雲のような感じになり、フワフワして相手は力が抜けていく感じがするものだ。

翁先生が合気の手を出されて、最初岩のように硬くされて、動かそうとするとびくともしなかった。

でも、これは見世物だ。

本当はこれだと言って出された手は、フワフワ雲のようで、力を入れようにも力が抜かれていく感じがして、ビックリしたものだ。

植芝先生のところで修行した時、翁先生が起きて便所へ行くのに、疲れてしまって寝ていたら、「先に寝ている奴がいるか！」そして「起きないとは何事だ」と言ってコツンとやられた。そのうち師が起きると、スーっと分かるようになるものだ。そして翁先生が便所から出て来た時、サッと手ぬぐいを出して手を拭いてあげると、初めて「ヨシ」と言われた。

背中を見せて歩けないのなら、まだまだだなぁ。

植芝先生は平気だったよ。

だって、相手がやろうとしてもピーっと分かってしまうから、関係なかったよ。

どれだけ技が出来て強くても、ただそれだけだよ。結局人間としてなんだから、兵法家と剣法家とは大きな違いがあるのだ。

岩のように強いというのを、もう一歩抜けると、綿のような、雲のような感じになるのだ。

植芝先生が私に言ったことは、「ワシと直接稽古した奴は、本部道場で三ヶ月かかることを三日で出来る」。

それは理屈でなく、肌の感覚で覚えてしまうからだ。

感覚は見ていても分からないもん。


昔、手の掌《ひら》を出させる練習をさせられた。

そして、今神がいるとか、お前の後ろに猿《さる》田《た》彦《ひこのかみ》神がいるとか言われた。

無理のない自然な動きをしなさい、と翁先生は言われた。

植芝先生に背中の流し方がダメだと言われ、東京で三ヶ月ほど風呂屋の三助をやって修行した。

帰ってから、風呂を沸かしておいたら、翁先生が、これは良い湯加滅だと言われ、背中を流したら、腕を上げたなと言われた。

ツボ処が分かるのだ。

そして、やって欲しいところにスーっと手が行くのだ。

翁先生は、それが合気じゃと言われた。

修行とは、そういうものだよ。


翁先生は、死なれたという感じが一つもしないのだよ。

本当によく可愛がっていただいたよ。

ワシがあの世に行っても、お前を信じとるし、ワシのことを思い出すことがあれば、ワシが呼んでいる時じゃ。

いつでも会えるぞ。

その時、本当に胸が熱くなったよ。

翁先生は、導引《どういん》もされたし、指圧などもされたよ。
張祖師も、練習が終わってから、油を身体に塗って整体をさせた。
だから和道は、それが当たり前になっているのだよ。

翁先生は、段が欲しけりゃ何段でもやるよ、
ヨシヨシと言って、笑って人に書いてあげていたよ。
いくら段を持っていても、何の役にも立たんよと言われた。
外地へ行く時も、段の欲しい時は言え、七段くらいにしておいてあげるよと言っていた。

それはいりませんと言ったら、サムハラの龍王の神の書を書いてくれたのだ。

中国の師弟とか拳法に印可《いんか》というようなものはないのだ。

もし弟子にやるとすれば、師が大切にしていたものを渡すのだ。

私の場合は、指に入れ墨を四つ入れられた。

その入れる場所によって、修行の度合いが分かるんだ。

植芝先生も、それを知っていたよ。

翁先生は、相手の心をスーっと感じ取ってしまうのだ。

思いの後に拳が来るから、サーっとかわされるのだ。

そして、自分がやる時は無心でやるから、相手は感ずることが出来ないのだ。

アッと思ったら、中に入ってしまっていたよ。

心法は、相手の心を感じ取る。

読み取る訓練から始まるよ。

思うことである。

理屈をつけるな。

自分も出来ると信ずるのだ。

そしてやっていく以外ないのだ。

植芝先生のは、心法だった。

痛いから倒れるのではない。
フワッと力が脱けて、倒れざるを得なくなるのだ。
そして、自分が腰の力が脱けると思って脱くと、相手も同じ状態になる。
これは催眠とは違うのだ。

生田禅僧が、俺の手を握っていると力を吸い込まれていく、とよく言っていたよ。
柔らかいというのにも、自分があるのだ。
パンと張って、力を出している時は、さらに自分のある状態だ。
相手の中にスーっと入っていける瞬間がある。

その時から動くと、相手は動かさざる得なくなるのだ。

それを合気と言うのだ。

植芝先生はよく気の発動と言われていた。

相手に構えさせたり、気張らせたりしてはいけないのだ。

初めで決まってしまうのだ。


植芝先生は、大本教で出口王仁三郎《おにさぶろう》に想念を送ってもらって、統覚法《とうかくほう》の練習をしたのだ。

この桜の木の根っこを抜いてみなさいと言って、後で想念を送ってもらったのだ。

初めは、送ってもらってそうなって行くのだけれど、やがて脳にシナプスが出来て条件づけされると、自分でも出来るようになるのだ。

それはやるしかないのだ。


昔、植芝先生の内弟子で、植芝先生をすぐ試してみるのがいた。

ある時、翁先生は、その人間のためにならぬとみて、一発で伸ばしてしまった。

そして、「お前に教えたから、自分で歩きなさい」と言って、自分のところから出してしまった。

そういう人間は、いつまでたってもダメだ。

あっち行って試し、こっち行って試し、一つも自分の身につかぬのだ。

素直になれないで、何が身につくのだ。
一つのことに成り切ることの出来ない奴は、何をやっても道に達することは出来ぬ。
成功なんて出来ないのだ。
感じることが出来るということは、想念も送れるようになるのだ。
素直になってやるしかないのだ。
頭が働いてゴタゴタ考えている奴は、いつまでたっても出来んのだ。
十年遅れるよ。

ババ様から、心の修行に入らない、と子供の頃よく言われた。
植芝先生は完全なる心法だったよ。

植芝先生は、思念法を博打などに利用すると、大変怒られた。
己の欲のために使ってはならない。
人のために使えと言われた。
そして、実験や試しを嫌われた。
人間は神である。
その神を試すとは何事だと言われた。

植芝先生、老師、熊崎健翁《くまさきけんおう》は、金儲けを直接してはいけないと言われた。
やれば必ず金持ちになるだろうけれど、やってはいけないと言われた。
自分の本当にやらねばならないことが出来なくなるから、やってはならぬと言う。
それは、人を育てることだ。
ただ、見ているとイライラするよ。
工夫が足りんで、へイコラ言っている奴ばかりだ。

植芝先生は、技に品位がないといけないと言っていた。
力を入れたりすると、足軽の真似をするなと言った。
術には変わりないのだろうけれど、問題は使う人の心なんだ。
動きに品位がないといけないというのは、老師の動く禅でないといけないというのと同じことだ。

植芝先生の話を聞いて、古い人達で心を継いでいこうとしているのは、植芝先生の弟子である藤平先生と西尾先生と奥村先生の三人くらいだろう。


（翁先生は突然悟られたのですか？）

植芝先生のお父さんが大本教にいた関係で、出口王仁三郎に心のことを習ってからだ。

桜の木を抜いてみろと言われ、それでは抜けんよと言われ、桜の木には術は使えんぞと言われた。

そして、言われた通りやれと言われ、呪文を唱えれば唱えるほど力がモリモリと出て来ると言われ、大本教の呪文を十回唱えていると、身体全体に力が出て来た感じがして、引き抜くと抜けた。

出口師は、後で念を送っていたのだ。

そうしているうちに、二回くらい唱えると、次第にその力が出て来るようになったのが最初なんだ。

私も泰緬《たいめん》鉄道で、レールやバナナの気を引き抜いたりしたよ。

そして、インドでヨガの呼吸法や瞑想を取り入れて、フランスで催眠を習って、植芝先生のは自己催眠だと分かった。

帰った時にそれを言ったら、「その通りだ。でも、このことは内緒にしておけ」と言われた。その場で、「合気道では、この植芝が一番強いのにしておいてくれ」とおっしゃった。

このことを老師に言うと、「お前はそれをどう受け取ったのだ」と言われたので、軽い気持ちで考えていましたと言ったら、このバカヤローと言われ、「それはこの植芝を目標にして生きろという意味だ」と言われた。

理屈で言えば、確かに自己催眠かも知れんけれど、それではお前はそれ以上伸びないのだ。

強い者を目標にしてやれということだし、師ほど大切なものはないのだ。

師がいるから、自分の中から才能や持っているものを引き出してくれるのだ。

また、習った者も、人の持っているものを引き出してやる義務があるのだ。

自分ではなかなかその力を伸ばし、引き出すことは出来ないよ。

師を選ぶということが、どれほど大切か知れない。

幸いにも植芝先生、老師に出会ってこれまで来られたのだ。

自分の師を目標にして、絶対にするから、その神秘的な動きなどすべてを目標にするから、伸びることが出来るので、理屈で理解して満足していたら、それでストップだ。

和道は武道ではない。

でも老師は、和道こそ本当の武道だと言う。

戈《ほこ》を止める心法は、和道以外ないという。

動く禅なんだ。

想念の力は、私だけのものでなく、誰でも持っている力なんだ。
それが出ないのは、みな知識や理屈で縛ってしまっているからだ。
信じ切ってやっていれば、みな必ず出来るようになるよ。

翁先生も風邪をひいていたよ。
そして、風邪と仲ようしないといけない、と言って笑っていたよ。
翁先生も、昔は、この技は心臓に良いとか言っていた。

翁先生のおばあちゃんが、私のことを、植芝の若い頃そっくりだと言っていた。
そして、翁先生の若い頃は、メチャラ、クチャラやったらしいよ。

有種子三昧は、相手と一体になる。
合気では気を合わせるとか言う。
これは疲れるし、一人にしか想念が入らないのだ。
無種子三昧は、相手がないのだ。
自分がそうなったとイメージするのだ。
そうすると、相手は感応してしまうのだ。
これは、何人いようが関係ないのだよ。
植芝先生は、八十歳を過ぎてから、それを言っておられる。

植芝先生が一人で動いて舞うと、周囲が巻き込まれるのと同じことだ。

無種子三昧のことだよ。


植芝先生の偉かったのは、これっぽっちも自分の欲がなかったし、二百年後のことを考えられていたからだよ。

そして、悟らない奴はどうしようもないのだ。

いま悟るしかないのだ。


問題は、一番大切なことは何かだ。

翁先生の何を学んで、後の人に伝えようとするのかだ。

師が一番教えたかったのは何だったのか。
じっくり考えないといけないのだ。

頭山満先生に言われたことは、
人を観る眼を養え。
目で見るのではない、
心眼で見よ。

張祖師に、「半日ゴムの木の芽をまばたきせずに見よ」と言われて
何日もやったよ。
そして兄弟子と対した時、眉間をジッと見ていたらフラフラとよろ

めいた。
それを張祖師に報告すると、頭を撫でてくれた。
後で、翁先生も同じことをやられていたのを知った。
オヌシもやるのかと言われ、感心していたよ。

翁先生の弟子は何人もいた。
翁先生に学んだ何を伝えようとしているのかが問題なんだ。
後進の人に、何を教えていくのかが問題である。
オヌシらも、ある年代になると弟子は数多くいる必要はない。
一人でいいのだ。
一人でも二人でも、その人の持っているものを引き出してやらねばならないのだ。

植芝先生のは、自己暗示と言うより、もっと深い念で思うことだ。釈迦にしても、心の面を開いた時、苦行をやる必要がなくなったのだ。

みな脳の働き、心の開きですべてなるようになっているのだ。それが分かった時、不思議に思っていたことが、別に不思議ではなくなった。

子供の頃、張祖師に開かされる訓練を受けてきたから出来るのだ。武道の究極も、この念に行き着くのだ。

白井《しらい》亨《とおる》の「俺の剣から火の輪が出るぞ」というのも、そう思うと、念ずると、相手はそう感ずるのだ。

植芝先生のようになると、相手の心の動きが見えるようになるのだ。

相手の動きでとらえるのでなく、動く前の心の動きでとらえることが出来るようになるのだ。


植芝先生の凄さは、大本教の出口王仁三郎に心の面で開かされていて、何か柔らかいもので包み込むような感じがあった。

船越義珍先生や三船久蔵十段も人格者で、武道に対する厳しさがあった。

翁先生には、そういうものもなかった。

でも、格が全然違う感じがしたよ。

出口王仁三郎にやらされたのは、その桜の木と一体になれ、そして呪文を唱えるたびに力がモリモリ出て来ると思え、と言われ、やるとその通りになった。

そのように開かされると自分でも出来るようになるのだ。

脳のシナプスの配線がつながるようになると、本当にいろんなことを感じたり出来たりするようになるのだ。

脳のほとんどは眠っている。

この脳だけは無限である。

もっともっと開いていかねばならない。

翁先生は、合気は八十歳過ぎても、まだまだ未完成でこれからだよ、と言っていた。

自分の心の持ち方次第で変わってしまうのだ。
私の心は太極と一体になり、帰することが合気なんだ。
植芝先生は大宇宙と一体になる心をつかまれたのだ。
それをつかんで、死を解決していくと変わる。
生きている限り、死ぬまで脳を開いていくしかないのだ。

植芝先生のは念であった。
眼を見ていると、目の色がくすんでいるように見えた。
それを大本教の出口王仁三郎師によって開かされたのだ。

初めは力を師により引き出していただいて、やがて自分で条件づけにより出て来るようになるのだ。

念気法はどうしようもないのだ。

催眠はかからないと思ったらかからないけれど、念気法は否定出来ないのだ。


植芝先生の心の中には、道場を大きくしたいとか、世界に合気道を広めたいとかはなかった。

本も一冊も残されていない。

すべて焼いてしまわれた。

ただ憲兵隊に残されたのが数冊ほどあるのみだ。

翁先生は「心を浄め、身体を浄め、世のため人のため、国のために生きろ！」と堂々と言っておられたし、その心だけの方であった。

合気の練習で期待の念を抱いてはいけないのだ。

現在、念の力も弱い。

それで練習をやっているのだ。

結果にとらわれると、小ざかしいテクニックや力で倒そうとするようになるのだ。

そうすれば上達するわけがないではないか？

植芝先生のそばにいた人でも、それが分からない人は、やれ科学的だの何なのと理屈をつけてやっているから、いつまでたっても出来ないのだ。
結局のところ、言われたことを素直に受けて、素直になってやって行くしかないのだ。
それはどの道でも、大成する人は同じなんだ。
安田院長先生を見ろ。
科学者でも、世間の馬鹿な理屈を言って何も出来ん奴ほど、念のことを否定する。
安田先生は本当の科学者だよ。
そしてあの年になっても心が柔軟だし、若いし、素直だ。
本当に教えられるよ。

生活の中でしか、悟ることは出来ないのだ。

その時、あっそうかと思えるようになるのだ。

道場でやるのは、あくまでもヒントで、自分のものではない。

自分のものを造っていくには、私の場合、翁先生に観ていただいて引き出して伸ばしていただき、合気道にしても、大老師はものすごい方であるけれど、これを引き出していただくには、いろいろな方々の持ち味がある。

それでフッと分かるのだ。


一度引き出していただいて、感じが分かり、それを繰り返していくと、自分でその感じを一人で出来るようになるのだ。

禅で叩いてやるのも、その叩かれた瞬間、奥に眠っていたものがパッと引き出されて、フッと感ずるのだ。

同じだよ。


植芝先生の晩年は、巻き込まれて吸い込まれて行くような感じがした。

これは無種子三昧だからだ。

気でも陰と陽がある。


私が今あるのも、張祖師、日本に帰ってからは、祖母、光林寺の和尚、植芝先生、大老師のおかげである。
人間にとって伸びられるか伸びられないかは、工夫させてくれる師を捜すことである。
甘やかしていてばかりでは、人間は伸びないのだ。
工夫させてくれるから、伸びられるんだ。
死ぬまで工夫して行くのだ。

植芝先生の元気な頃、ある弟子を翁先生は持っていたのだけれど、
その弟子は途中まで来たのだけれど、先生に会わずに帰っていた。
その後、翁先生はその弟子を破門にしてしまった。
そして三年後、破門を解いてまた修行させたら、すごく素直になり、

伸びたんだ。

気と気が合わさると、和になるのだ。
和道の中にこそ、植芝先生の説かれたものがあると、マレーの合気をやった人達に言われた。
仕事も成果も合気も同じで、それらを一生懸命やらなければいけないというのは和道だけであり、他の武道は、生活と結びつかないと言っていた。

税関でも、絶対に調べないと信じたら、他の人はみな調べたけれど、私達だけ何も調べなかった、みなその通りになっていくのだ。

柔らかくして、力を使ってはダメだよ。
翁先生は、力を使わなかったよ。

どれだけ強くても、どれだけ技が出来てもダメなんだ。
合気は、結局人間性の問題なんだ。
植芝先生の言っていたのは、人間としてどうかだったんだ。

君はいったい段が欲しいのか？
本当の武道をやりたいのか？
どっちなんだ？

植芝先生は無段だった。

段の紙切れを持って、いったい何の役に立つのか？　そう言っていたよ。

本当の武道は生活の中にあるし、家庭の中にあるのだ。

和道とは、植芝先生が六十歳以降に悟った心の技を伝えるものなのだ。

動けば技にならないといけないのだ。

それにはパターンを決めてはいけないのだ。

合気とは、技ではないのだ。

心の置き方なんだ。
陰と陽がぶつかると、和の道になるのだ。
そして、植芝先生の心を伝えるのが和道なんだ。
技ではないのだ。

植芝先生の教えられたのは、念で動くことであった。
「サムハラの龍王大神」と言って舞え、
竜巻の如くイメージして舞え、と言われた。
そうすることにより、エネルギーが湧き出てくると言われていた。
重心を落として、フッと想念でやれと言われた。

植芝先生は、私に何を学びたいのか聞いた。
ライフワークを学びたいと言ったら、ウンとうなずいた。
戦争体験で心が一番大切なのだ。

合気をかけるという言葉自体、おかしいのだ。

植芝先生の眼は、灰色だったよ。
そして動き出すと、金色に輝いていた。
自分の眼も、マレーで弟子とその日の夜と、次の日の練習後。
それからだ、変わり出したんだ。
眼の色が緑色になり、金色になってきたんだ。

翁先生は、出口王仁三郎師に出会って悟られたのだ。

植芝先生を伝説にしてはいけない。

私達も出来るようになるし、成れるのだ。

和道はそのシステムだ。

植芝先生の「打つ前に光が当たる」というのは、相手の想念をテレパシーで感じるということだ。

子供の頃、張祖師に寸頸《すんけい》ばかりやらされていたけれど、分からなかった。

植芝先生に習って、老師についてからフッと感じることがあってやってみると、厚いものの上から打ったのに、手の甲の骨にヒビを入れてしまった。

それはテクニックではない。


植芝先生の言われたことが分かるのに、三十年かかった。

頭ではなく、身体でこのことを伝えたかったのかと分かった。

翁先生が死なれた気がしない。

今でも生きている気がする。

写真を見ていると、話しかけてくるよ。

「気の御業　魂の志づめや　みそぎ業　導き給え　天地之神」

植芝先生の言われた合気の極意→←は相抜けなんだ。相手も自分も傷つけず、抜けていくのだ。山岡鉄舟のように、刀を抜く必要のない状態にならないといけない。念・気で押さえて、相手にそんな気を起こさせないでやることが出来るようになるのだ。

植芝先生とよく、御日様とニラメッコをしたものだ。

植芝先生のは、技は大東流であったかもしれないけれど、武産合気であった。
そして言ったことは、合気の極意は日常生活の中でやっていくことだ。
そして、人造り、国造りをやっていくことだと言われた。
植芝先生は、神様に素直になりきって生きないとダメだと言っていた。
そして、頭を空っぽにすることが大切なんだ。
念法であった。
「人斬り村重」こと村重有利さんに、俺の動きは翁先生そっくりだとよく言われた。
いつも一緒にいたから、癖まで似てくるのだ。
毎日四時間、揉まされた。
それが本当に役に立ったよ。

大老師と念流の師範を見ていると、心打たれる。
年齢に関係なく、素直に一生懸命やっておられる。
植芝翁先生を見る思いがする。

和道であろうが、大本教であろうが、禅であろうが、行き着くところは一つである。

植芝翁先生は、自分と宇宙のことを話されていて、手がどうの、足がどうの言われたことはない。

植芝翁先生は、本当のことを教えてやろうと思っているのだけれど、難しいと言って誰も聞きに来ない、と嘆いていた。

大森曹玄《そうげん》老師の本の解釈の仕方は、禅者だし、武道をやった方であるし、見方がいいよ。

合気とは心のことであり、技ではない。
合気道ではない合気じゃと、翁先生は言われた。
技をどうのこうの言われなかった。

昔、植芝先生は、足は蹴るためにあるのではないと言った。

空手のことをけなすので、反論したことがあった。

それで、後で考えておけと言われたので、よく考えたら、空手がどうのこうのでないのだ。

習う立場の人間は空っぽにしないといけないという、習う者の心構えを言ったのだ。

コーヒーを半分飲んで、後を足してくれと言っても、私が茶を持っていたら足しようがないのだ。

それを全部飲むか、捨てるしかないのだ。

空にして、己を捨てるのだ。

それで初めて和道も活きるし、合気も空手も活きるのだ。
空にして捨てないと活きないのだ。

昔、植芝先生のところで修行をしていた頃、道場に入ると血生臭いと言われた。
眼が怖いと言われて、女なんか寄りつかんかったよ。
翁先生は、もっと眼が柔らかにならんといかんと言われ、瞑想を教えられた。
二週間坐ったら、翁先生から、だいぶ柔らかくなったと言われた。
植芝先生は、まだまだ満足されていなかった。一から十まで行ったら、また一に戻るのだ。

それを繰り返すのだ。

自分では一つも上達していないように感じても、他人から見るとものすごく上達しているのだ。

翁先生は、まだまだ序の口だと言って、修行されていたよ。


フランスで、外人部隊で練習中、二人、怪我をさせてしまった。

合気でも、怪我をさせてしまった者もいる。

格闘技になると、喉に入れて首を折ってしまうのだ。

大きい奴ほど簡単に折れる。

合気の道場へ行っても皆から血生臭いと言われたのは、それもあったし、翁先生はよくそれを知っていて、皆と練習させなかった。そして、大本教のことを教えられた。それでタイのチャンピオンを殺さなくて済んだのだ。

本当に自分をコントロール出来るようになったのは、大老師に会ってからだ。

柔らかくなってしまった。

ただ、先日、風心和尚から、中途半端な練習をしているから、格闘技ウンヌンと言うのだと言われた。

一度徹底的にやれと言われてやったのだ。

反抗する心があると、ピーっと感ずる。

和道で大切なのは、生活の中で活きないのならやめてしまえということ。

コーヒーを淹《い》れるのでも、一人一人の顔を観て、この人にはこうするとか、こうしないとか感じないと、美味しいものがあげられないのだ。

それを、生活に活かさないで、道場で倒すことばかり上手になって、そんなもの何になるのだ。

二十年やっても、何十年やっても無駄だ。

やめてしまえ。

言葉を知っていても仕方ないのだ。

何の役に立つのか？

昔、植芝翁先生にうどんを造ってあげたら、やめてしまえと言われた。調和すること、気配りが行住坐臥出来ないで、合気はないと言われた。

生活すべてが合気にならないといけないと言われた。

風呂でも、気配りをうるさく言われた。

湯気を見て分からないとダメだと言われたり、背中を流していたら、ダメだと言われて、三助になったりして修行したものだ。

二メートルでヘビー級くらいの奴とやってつくづく思ったのは、受けると丸太棒でやられている感じで飛んでいくよということ。

どうにもならないから、当たらないよう、間合いを見切って捌くしかないのだ。

それも、どこで動くかは感じないと出来ないのだ。

そして、人間ギリギリのところに追いつめられていると、張祖師や植芝翁先生の言われたことを思い出すものだ。

逆技が大男にはかからないよ。

その時「天村雲サムハラ龍大神と言って舞え」と神楽舞《かぐらまい》をやったら、自分で何をどうしたのか分からんけれど、飛んで行ったよ。

植芝先生は、七分教えて、三分は残しておけと言われた。自分が十しかないものを、十全部教えたら何もないんだ。

動けばみな技になるようになれば、関係なくなるのだ。

昔、金を高く取ったのも、相手がそれだけ真剣に求めるからだ。
植芝翁先生のやられたことは、誰でも出来るのだ。
特別なものにしてはいけない。
そしてやる人間以上に、やられる人間、受信の方が大切である。
感じることを訓練でやっていくと、誰でも出来るようになるのだ。
受信が強くなると、送信の発するのも強くなる。
このテレパシーの稽古をやっていると、植芝先生のように出来るようになる。
観ていると、八百長に見えるけれど、そうではなく相手が勝手にそうなるのだ。
そして、倒れようがどうしようがとらわれないことだ。

和道は、植芝先生がやられたものである。
テクニックではない。
大森曹玄老師の言う、筆を持てば筆三昧。動く禅でないといけないのだ。

私の修行時代、植芝先生に背中の流し方がまずいと言われ、風呂屋の三助をしたけれど、合気道と風呂屋の三助と何の関係があるのかと思うけれど、一人一人の肌の感覚とか、女と男とか、微妙に違う。

それを感じ取っていかねばならない。
それは同じなんだ。

武道の流派が違っていても、目的とするところはただ一つだ。
ホリスティックだ。
宇宙の一点だ。
陰陽を作り出す根元のものをつかまないといけない。
（チュン）を作り出す元をつかまえないといけない。
それをつかんだのが、植芝先生だった。
それをつかむと、勝敗とか、強い弱いは関係ないのだ。
本当の強さとは、格闘技の強さでなく、人間の強さなんだ。

本当の呼吸法を知っている奴は少ないよ。
よく植芝先生に、オヌシはただ息をしているだけじゃと言われたよ。
腹を凹ませた時、吸って吐きながら、腹を膨らませて肛門を締めるのだ。
肩の力を脱き、手の力も完全に脱いて、相手に任せてしまうのだ。
そして、呼吸に集中するんだ。
ハンドヒーリングの整体をやって感じたところに、手がスーっと行かねばならない。

宇宙のエネルギーの一点を生み出すのは、ＰＫ、つまり念力である。

その念力を出す出発点は、自己暗示、自己催眠なんだ。
それになりきると、念力となって宇宙のエネルギーを出せるのだ。
植芝翁先生は、出口王仁三郎師にそれを引き出されたのだ。
そんなことが分かったのは最近だ。

植芝翁先生は、稽古の終わった後、必ず指圧をされた。
力で圧さなかった。
でもピーっと入って来たよ。

俺が一生の仕事はこれだと誰にでも誇れることは、十五歳から現在でも一貫している。

植芝先生や安田院長から、商売にはするなと言われた。
これは困ったと思ったけれど、老師も同じことを言ったけれど、作《さ》
務《む》は食べるためにやるのだ。
商売ではないのだ。

植芝先生は、病気されるごとに、技がさえていった。
それはどこまでも、心法だったからだ。
生田禅僧のような力の強い奴でも、九十何歳の老師に受けられると、
飛んで行く。
それは、心がビシッと決まっているとそうなるのだ。
流れを止めてはいけない。

やろうとか、受けようとかするから止まるのだ。
植芝先生のは、交差でぶつからないのだ。
かわしたり、逃げたりしてはいけない。
植芝先生のはそうだった。
素直でないと出来ない。

植芝先生は、合気の心を忘れた技は、ただの柔術だと言っていた。
翁先生のは、眼がビー玉みたいに変わった。
それは日拝観をやっていたからだ。

言葉で教えなくなったら本物だ。
本でも、ある時期まで読んではいけないのだ。
それは理屈で覚えても仕方ないのだ。
合気を禅から理解しようが、何で理解しようがいいのだ。
真理は一つだ。
行じていくことが大切だし、翁先生の心をつかまないといけない。

植芝先生は神と一体になって動くと言っていた。
宇宙を相手にしていた。
心の開き方、置き方が違っていたのだ。

翁先生は、木に向かって掌《てのひら》を出していた。

それを今の人は、気の鍛錬をしているとか言うけれど、そうではなく、こうして手を向けていると、その木と一体になって、木が話しかけてくるのが分かるのだと話されていた。

そして、それを人に向ける、その人と一体となり、その心が分かるのだと言っていた。

それが大切なんだ。

植芝先生は、私のことを「神様が私に与えて下さった大切な子だ」と言ってくれた。

だから、心のことばかり教えてくれた。

植芝先生の話がスーっと分かったのは、張祖師やババ様、戦争の体験などで心のことを教えられ、体験してきたからだ。

体験しないと分かるものではない。

P・M〔北米ヘビー級マーシャルアーツのチャンピオン〕は、スピードはあるけれど、スキだらけである。

それは硬いのだ。

硬いとスキが生じるのだ。

流れの終わりにスキが出来ると、次にやる動作が分かるし、見えるのだ。

植芝翁先生は、柔らかく、ユタッとしていた。

柔らかいと、入るスキがないのだ。


植芝翁先生は、世界の人々が家族であることが合気の理想とされていた。

小さくてもいいから、家族として築いていく。

それが広がっていくことが大切だと言っていた。

そのためには、愛がなければいけない。好きな人は愛せるけれど、嫌いな人でも愛せないといけないのだ。

どんな人種であろうと、家族として付き合っていくことが和道なんだ。

翁先生は、技を伝えようとか残そうとかされなかったのだ。

植芝先生のところにいた時、針の先生で金針の藤田先生と言う方にほめられて、二ヶ年修行すれば物になると言われたことがある。植芝先生の弟子は違うと言われたものだ。

どうしても身動き出来ない状態になったら、重心を落として「サムハラの龍王大神」と唱えてコマのように舞えと言われ、元プロレスラーと闘った時、舞ったら飛んで行ったよ。

植芝先生は口では言われなかった。こうじゃと、技をかけて示してくださっていた。

植芝翁先生は、気配りをする方であった。

そしてケジメにはうるさかった。

礼がしっかりしていなかったらサッサと帰って行ったよ。

植芝先生の動きは、待っていないのだ。

相手の心と同じに動いているのだ。

植芝先生は、技のこと形のことを言われたことはなかった。

今の技はどんな心でやったか、それを言っていた。

芝居をするなと翁先生は言われた。
形にとらわれると、バタバタになるのだ。
自分の動きが出て来ないといけない。

技術的にどうのこうのと言うのは柔術である。
相手を痛めつけるとかは柔術で、何の意味もないことである。
重心を落として、イメージを描いていくのだ。
それがすべてに活きていくのだ。
相手を傷つけるようではまだまだ未熟と言わねばならない、と翁先生は言っていたよ。

中国の拳法家も、近代の武道家で一番と言えば、植芝先生だと言っている。

翁先生は相手のことばかり思っていて、わたくしのない方であった。

植芝先生の技は、悪用出来ないのだ。

やろうとすれば、出来ないんだから。

植芝先生は、二百年後のことを考えて生きろと言った。

これは、子孫の代のことである。

心の修行以外ないのだ。
翁先生みたいになるには、それしかないのだ。
武道の技の仲間をつくるのではなく、翁先生は家族をつくれと言われたのだ。
翁先生は私に何を習いたいのか聞いた。人格すべて、生き方すべてと答えた。
翁先生が、技でいいと言ってくれる時は、もう疲れて、もうどうなってもいいと思って力の脱けきった時だ。

金はつくるな。

世界中に家族をつくれというのが翁先生の考え方である。

心の波の出る前を感じ取って動かねばならないと、翁先生はおっしゃっていた。

翁先生は、合気道の技を広めよなんて一つも言わなかった。

望んでいなかった。

合気の心を伝えて欲しいと言っていた。

和合の心である。

植芝先生は、一年間の予定のことや、今やっていることを逐一報告させた。

しばらく休ませていただきますとか、何々で来れませんとか、子供でも大人でも和道を教えているのなら、今ここまで教えていて、何人来ているとか、何をやっているとか、ともかく気配りをすることが一番大切である、と。

私に対しては、マレーの人はふざけてリラックスする時はしているけれど、ちゃんと聞かなければならん時はビシッとしている、と。

植芝先生のやったこと、私のやることとは、皆も必ず出来るのだ。私には無理だとか、私と違うからというのはみな差別である。

自分も必ずやれると思うことが一番大切である。

学問とか理屈は後からのもので、それが言葉で分かっても、やらなきゃ仕方ないし、やるしかないのだ。

植芝先生は、草木とも話されたというけれど、理屈ではそれが分からないのだ。

テレパシーで分かるものだ。

テレパシーは言葉以前のもので、植芝先生が難しい言葉で話されたけれど、言葉のみを聞いていると分からないけれど、テレパシーで何を言いたいのかは分かる。

とらわれないことが大切だ。

植芝先生が「それはじゃな」と言われた瞬間、集団暗示にかけられた。

大本教からの自己暗示なのだ。

「サムハラの龍王神」と言うのもそうなのだ。

植芝先生が特別なのではない。

誰でも出来るのだ。

自分も必ずやれると信じることが出発点なのだ。

他人に素直になるのでなく、自分に素直になるのだ。

他人に素直で自分を信じない奴は、すぐ理屈をつけたり、あのうーと言う。
これは奴隷である。
素直に納得して、特別なものに見ない。
これは基本であり、皆ここからなのだ。
流すのでなく、手で掬くのでない。
心であり、とらわれないこと。
素直になることが大切だ。
自分の心に素直になって、感じたらスーっと動くこと。
そしてまたテレパシーに戻るのだ。
先生でも、生徒を見て、どの子がどうだということがパーっと感じられるようになると、本物だよ。

また、分かるようになるよ。


人間は、思うことで生きたり死んだりするものだ。

戦争中、手を撃ち抜かれて出血して、もうダメだと死んだ奴もいるし、弾に当たっても血は必ず止まると信じ切ったら自分は生きた。

それも、子供の時、坊さんの話を聞いたり武道をやったり、植芝先生を知っていたから。


植芝先生の晩年の技は、筋肉は一切使わず、仙骨から出て、手はフワッとしていた。

植芝先生が他の者に教えなかったのは、自己流に理屈をつけて覚えるから言わなかったのだ。

素直にやるしかないのだ。

そして覚えたら忘れること、そして身体で覚えるのだ。

身体で覚えるには、やる以外ないのだ。

心から形、形から心へと潜在意識にしみ込ませるのだ。

そして無意識でやれるようにするのだ。

頭でどれだけ考えて理屈をつけても仕方ないのだ。


植芝先生に教えられたのは、背骨に軽く手を触れられると、脳の力が完全に抜けて、力を入れようとしても脳が反応して入らないのだということ。

潜在意識に入ってしまうと、暗示が入りやすくなり、ここが良くなるよと言われただけで、全部入ってしまうのだ。

思う働き、心の働きは、この宇宙すら飛び出すくらい広いものなんだよ。


植芝先生は、単純化しろと言った。

それを言われた。

もっともっと単純化しないとダメなのだ。

簡単に簡単にしないといけないのだ。

やっている技のコツや極意は、口で言っても表せないし、また書けないんだ。

だから伝えるには、身体から身体へ伝えるしかないんだ。

私がタイから帰ってきて、私の手を握った時、植芝先生は「よし出来たな」とおっしゃった。

つかんだ瞬間分かるのだよ。

身体で出来ないといけないんだ。

理屈はいらないし、理屈の上に理屈がついてますます分からなくしてしまうんだ。

だから出来るまでやるしかないんだ。

身体に教え込むしかないんだ。

出来た時は、あゝ出来たと自信を持つだけでいいんだ。それを理屈をつけていくと、分からなくなるんだよ。

ある先生の本を読んだけれど、昔と一つも進歩していない。人間その年代年代でつかんでいかなければいけないよ。

俺も四十歳で日本に帰ってきて、金沢に来て、植芝先生に、ジイが死んでもジイのことを思い出すと必ず現れて教えてあげる、という意味のことを言われたのが最後の言葉であった。

老師についてからは、ただ言われたことを何も考える暇がなくなるくらいやっていたら、いつの間にか年月がこんなにあっという間に経ってたよ。

植芝先生は次元が違っていた。

神様を相手にされていた。


植芝先生に最後に会った時、どれだけ出来たのか杖を持ってパーっと打ち込まれた。

そしてやってみろと言われ、その通りやったら、今のは動けなかったぞと言って、これからは自分でやりなさいと言われた。

結局、動けばみな技になるのだ。

そして、死んだら岩間神社で待っているから会いに来い、教えてあげるから話をしようとおっしゃったのだ。

小松の道場が好きなのは、眼を閉じると翁先生がスーっと現れて、この稽古をしろとか言ってくれるからだ。

すべての武道の極意は一つだけれど、今までは別々にやっていたのだ。

瞑想は瞑想、技術は技術。

植芝先生は大本教から入られたけれど、世界に通じるのは禅である。

禅の心が、そのまま技術に表れないといけない。

植芝先生は、神様に仕えて、驕《おご》ることを常に戒められていた。

死ぬまで修行である。

ある日本人の芸術家が、私の技を見て芸術だと言い、それを教えた植芝翁先生はものすごい方であったと想像出来る、と言った。

植芝翁先生のは、みな肩甲骨でやっていたよ。

手や腕ではないのだ。

武道の名人で、Mという人は、世界一とは誰も言わない。

ルールのあるもので、そういうものは出て来ない。

中国人でも、植芝翁先生と言うよ。

植芝翁先生は、優しい心でやらなければいけないとおっしゃっていた。

ギスギスした動きではダメなんだ。

心がそのまま出るのだよ。

植芝翁先生は、七分教えて三分残しておけと言われた。

これは、全部教えると、その人が伸びられないからだ。

研究課題として残しておくと、その七分が出来ると、三分は自然に出来るようになるのだ。

霊格が一番大切だ。

技ウンヌンより、最後は霊格である。

植芝先生には、それがあった。

初めは光がどうのこうのおっしゃったけれど、後の方では、風とか殺気、雰囲気、空気がサッと変わるから、それが先に来るから、さっとかわしなさいと言っていたよ、翁先生は。

技に入る前に、必ずフッとリズムをとってから入っていたよ、翁先生は。

すべて身のこなしの稽古だとおっしゃっていた。

何々投げとは言わなかった。

がっしりとつかまないのだよ。


お金もみな神様からいただくという考え方であった、翁先生は。

教えてやるという気持ちになったらもう終わりで、お山の大将になってしまう。

あくまでも植芝翁先生に教えていただいたものをただ伝えるだけ、皆でやるだけの気持ちでやるのだ。

それと、いつも師がいないとダメになるものだ。

突きでも、斬り込みでも、相手の腕が伸びきる途中で取るのだ。

動きの中で取るから、相手は突いて来るのだよ。

止まった状態では、絶対相手は動かない。

植芝翁先生のは、これであった。


止まってから受けて攻撃する癖が出来ている。

それを取らないといけない。

翁先生は、光の玉が来るから、それをかわすといいと言っていたけれど、私の場合は空洞が出来るから、それを感じた時スーっと動くと、相手はどうすることも出来ないのだ。

それは、それぞれみな感じ方が違うし、同じに感じるかも知れんけれど、オヌシの治療と同じでやるしかないのだ。

そのやっている中で、あっそうかと分かる時が来るのだ。


植芝先生は、自分自身、神だと思ったんだ。


ガツンと突いているうちは、初歩の初歩である。

フワッと流れが留まらないで動けるようにしないといけない。

植芝先生は、初伝しか習わなかったと言うけれど、大東流で初伝を使いこなせる人間がいるのか。

形とか、かっこばかり言っているうちはダメだ。

昨日やった下段払いと同じで、かっこではないのだ。

受けた瞬間、フワッと崩れるのだ。

中身がまるっきり違うのだ。


老師は、外地へ行ってきたことを報告すると、必ず何を学んできたか、何が勉強になったかを聞いた。

何を教えてきたか、なんて絶対言わなかった。

植芝先生も同じであった。

いつも皆と一緒に修行しているのだと言っていた。

植芝先生でも、桜沢如一《ゆきかず》先生でも、遊びなさいと言った。

好きなことを、好きなだけ遊びなさいと言っていたよ。

こうしてやっていると、俺もそうだったけれど、植芝先生が少しずつ出来ていると言った。

自分も今は出来ないけれど、出来るものを持っているし、必ず出来るんだ。

出来るんだと思ってやっていたよ。

そうしたら、スーっと出来るようになったよ。

必ず出来るよ。

植芝先生は、神に成り切っていた。

そして早川の神は、だれだれと言っていた。

神がかりはいけないけれど、神に成り切るくらい大きくならないといけない。

考えるのではない。

止まらないで、リズムに乗って、スーっ、スーっと行くと必ず見えて来るようになるよ。

植芝先生の場合は、光の玉になって観えたらしいけれど、私の場合は、陰のようになって、瞬間見えるんだ。

植芝先生は、教えたがっていたのに、誰も習いに来ないと残念がっていたけれど、私はその時教えていただいて、本当にもうけたよ。

ある程度いくと、俺はこれだけ出来るんだと満足しきって、学ぶ姿勢がなくなり、鮮度がなくなるんだ。

習ったことを試してやろうとするな。

植芝先生はやるのなら、死に物狂いでやらんといかんと言われた。

植芝先生が、いろいろの流派を学ばれたのは、どうすれば分かりやすく教えることが出来るか、伝えることが出来るかを研究するためだった。

だから、如何にして分かりやすく伝えるかが大切である。

習う時は、絶対に批判してはいけない。
ただ素直になってやる以外ないのだ。
心の中で師に対して反発したりした時は、植芝先生は、ビシビシ三発叩かれた。
そして、神前で誰々に何々を授けましたと言われるのを聞くと、有難くなったものだ。

力が入ると硬くなり、身動きが取れなくなる。
スーっと力が脱けるようにならないといけない。
どの道でも同じだ。
失敗するとか、ダメになるとか考えず、ただ真っすぐなら真っすぐだけなのだ。

心をそれのみに向けるのだ。

植芝先生は、技をやる時、神様を唱えよと言われたのは、技に気を取られすぎると、心が止まるからだ。

心を解き放すと動けるのだ。


植芝先生の身体を風呂で流してあげたら、身体の中の流れが分からんようではダメだと言われ、風呂屋の三助を福生《ふっさ》で三ヶ月やって、女の身体やら歳のいったの、若いの、男、いろいろな身体を扱って、相手を気持ち良くさせることが出来るようになって、植芝先生の身体を流したら、良く出来るようになったと言われた。

合気の植芝の門下に、怖いのが二人いると言われた。「人斬り村重」と「マレーの虎〔早川師父のこと〕」だ。村重先生は、嘉納治五郎先生の柔道をやっていたのだが、植芝先生の弟子になる時、柔道を一切やめると言って、嘉納先生に言われて、すぐ足技の出る癖を取るために、足を縛って徹底的にやられた方である。

心の中で植芝先生に反発して、批判の心が生じたら、それを見抜かれて、三発杖で叩かれたものだよ。

植芝先生が言われたことは、
上手下手もない、ただひたするやる姿こそが大切なんだ。

いつまでたっても、まだまだやと思う。

なぜなら、自分の学んだ師が、あまりにも偉大な人達ばかりだったからだよ。

合気は植芝先生、小太刀はババ様、中国拳法は張祖師、空手は船越義珍先生と、それ以上の沖縄の照屋先生、柔道は三船十段であり、その達人の爪の垢でもという気持ちで、天狗になんかなっていられないんだ。

植芝先生は、来ているメンバーを見て、この人達にはこの程度を見せる、この人達ならと使い分けていた。

手をひねる、腰を入れる、仙骨を正す。

植芝先生は気を出すなんて言わなかった。

自然に出るもので、特別なものではないのだ。

仙骨が入ると、自然に出るのだ。

拍子が大切なんだ。

リズムであり、タイミングであり、翁先生はジッとして取られたことはない。

必ず拍子を取られていたよ。

今分からなくても、やっていると必ずいつか出来るようになるものだ。

三十年もかかってやっと出来るようになったことを、一時間ですぐ出来るわけはないけれど、やっておかないと、しっかり学んでおかないと出来ないよ。

そして、何回も何回も出来るまで繰り返すしかないのだ。

筋肉に、身体に覚えさすしかないのだ。

翁先生もこの道が好きで好きでやられているうちに、つかんだのだ。

理屈を言って、翁先生は特別だからとか言っていたら、一生出来ないぞ。

腕をピンと張って、肩甲骨の力、肘の力、心の力を抜いて動いて初めて、相手は一緒について来るのだ。翁先生は、相手が離れないように、動けるようにとおっしゃっていたよ。

拍子は一つなんだ。

その一つをつかまないといけない。

私に、よく八掛掌《はっけしょう》と酔拳をやらせてうなずいていたよ。あれだけの名人の翁先生が、若造の技を見てまだまだと研究されていたんだ。

私なんか、今でもまだまだだと思っているよ。

その時、分からなくても、やっておくと必ず後になって出来るようになるものだ。

実際にぶつかると、あの時翁先生はこんなことを言っていたなとか思うものである。

本当に分かったのは、老師についてからだ。

ババ様や、無刀流の手島先生は、七十九歳で若い奴を片手で振り回していたよ。

無駄な力が入っていなかったし、斬り込んで行こうとしても全くスキがなく、ものすごく大きく見えたよ。
翁先生は、向かおうにも向かえず、逃げようにも逃げられずだった。
この二人の方には、子供の頃、本当にびっくりしたよ。

生死を分けるのは、ちょっとした動きの差である。
一寸の動きで決まるのだ。
天と地の開きが出ると、ババ様や植芝先生から教えられたよ。

植芝先生が、以前教えた力強い荒っぽいのは間違いだった、今のが本当の合気なんだと言っているのに、みな偉くなって、岩間に習いに来ないのだと嘆いていたよ。

私は、そんな時に習いに行ったので、もうけたよ。

植芝先生みたいな名人でも、人間のやっていることなんて出来ると言っても、これっぽっちだよと言っていた。

天狗になってはいけないし、反省する心は大切なんだ。

仙骨と肘の動きを一致させなさい。

そしてもっと柔らかく動かないといけない。

肘と肩甲骨は一緒に動くのだ。

翁先生に、肘と肩甲骨の使い方を分からんでもやっていると、ジイのようにいつかは出来るぞと言われた。

今までの弟子の中で、受身を取ったのはお前だけだと笑っていた。

虎は、神様からいただいた子だからと言われたよ。

頭山先生の紹介で、翁先生のところへ行ったのだけれど、経歴が変わっているなぁと言っていたよ。


強いと言っても、本当に大したことではないのだ。

自分に強くならないといけないのだ。

変な欲望に打ち克たないといけないのだ。

植芝先生のような神のような人でさえ、これっぽっちのものだと言われたよ。

翁先生はよくおっしゃっていたよ。

「皆に、悟った後の大切なことを教えてやるから習いに来いと言うのだけれど、弟子も皆、偉い先生になってしまって、習いに来ないのだよ」。

私はそんな時に教えていただいて、本当に良かったと思っている。

U先生のように、一通りやってきて、何かやる気がないというのは、八十歳になって言うことだ。

天才とは、どこまでも、人の十倍も二十倍も努力出来る人のことを言うのだ。

覚えの器用な人のことを言うのではない。
そんなものは何も役に立たんよ。
だいいち空手を何だと思っているのだ。空手は、人を育てるもので
あり、自分自身に克つためにやるものだ。
その心は、合気と同じなんだ。
勝ち負けや強い弱いを競う空手は畜生拳と言うのだ。
人間は、どこまでも、まだまだと思ってやって行くしかないのだ。
師を持つなら、超一流の師を持つべきだ。
だから、天狗になりそうになった時、坐禅を組むと、ババ様や植芝
先生、船越義珍先生や張祖師の「漫心するな」という言葉が出て来
るのだ。

死ぬまでやるしかないのだ。

技ではないのだ。

芸術なんだ。

若い奴に後《おく》れを取るのは、基礎が出来ていないからだ。

後屈立《こうくつだち》の逆突きなんて、身体の基礎だけれど、もう一つ心の癖、心の基礎をつくっていかないといけない。


外地でプロレスラーを教えたりしていて、天狗になったらおしまいだと思って、日本に帰って植芝先生に報告したら、よう漫心せずに修行する気になったと喜ばれ、お前は神様からいただいた子だと言って、よく教えていただいたよ。

四方投げの捌きは、相手の手を耳の方向へ持っていくやり方と、自分の鼻の方向で回転するやり方がある。これは十六歳の時に習ったんだ、翁先生に。

心のスキのことは、翁先生に習ったのは三日間だけだ。でも子供の頃から、そのことは張祖師にも習っていたし、ババ様にも習っていたから、すぐマスターしたよ。

植芝先生の動きは、すべてリズムに乗っている。どれ一つとして、ジッとしているのはない。

翁先生が言われたのは、「気」はもともと元気であればあるのだ、その時その時に出るものである、ということ。心のスキに入っていくやり方を一般的に「気」だと言うのだけれど、翁先生はそんなことは一切言わなかったよ。

いくら古くからの弟子でも、頭の固い奴は、植芝先生も教えないでほったらかしていたよ。教えてやるから来いと言っても来ない奴は、どうしようもないのだ。

植芝先生も、そのつどいろいろ思い出して、「つまりこうじゃ」と言って、思いつきで教えてくれたのだ。

一つのことを三日ずつ習った。

三日、翁先生に習うと、三ヶ月分かそれ以上の上達をしたよ。

そして言われたことは、「分からんでも今やっておけ、後で必ず分かるよ」。

植芝先生は力が強かったと言うけれど、仙骨が入って腰で動いていたから、相手は簡単に飛んだ。

植芝先生が「今分からんでも、しっかり学んでおけば、後で必ず分かるようになる」と言っていた意味が、今になって分かるよ。一生懸命、生死の稽古をやっていると本当の楽しみがあり、後で楽になれるのだ。

一回一回の稽古を馴れ合いでいい加減にやってはいけないのだ。背伸ばしでも、きちんと合気あげをやっておかないといけないのだよ。

植芝先生は、八十歳過ぎて身体が弱っていた時でも、稽古の時は、若い力のある奴がどれだけ掛かっていっても、歯が立たなかったよ。大老師は九十八歳でなくなったけれど、九十歳の時、あの生田禅僧をピョンピョン投げていたよ。

それはみな、基礎がしっかり出来ていたからだ。

弟子が師より伸びることが、師の喜びでないといけない。

植芝先生は、そうであったのだよ。

だから何でも教えてくれたんだ。

植芝先生が私に見せた顔は、人前で見せる厳しい顔ではなく、本当に親しみのある、優しい気さくな顔であったよ。

そして、早川酔拳をやりなさい、

八掛掌をやって見せなさいと言われたよ。

植芝先生は、Ｓさんなんかには黙って見ているだけで教えなかった。

その人その人を観て指導された。

教えてやるから来いと言っても来ない奴は、どうしようもないからな。


翁先生の言われていた「熊やオオカミを撫でた」というのも、「食べたければ食べろ」と、どこまでもその動物を愛する心で接せられるから、熊やオオカミにもその心が分かるのだ。

どこまでも愛なんだ。

私も、コブラや虎を子供の頃から飼っていたから、分かるのだ。

翁先生の眼を見ていて、それが分かったよ。

植芝先生は、相手に合気する前に、自分自身に合気しなければいけないとおっしゃっていた。
それは「無」にならないと出来ないのだ。

植芝先生は、酒もタバコもやらなかったよ。

俺は四十過ぎてから老師について修行したのだ。
自分自身ダメにならないため、いつも植芝先生や張祖師、大老師、船越先生の姿を思い出すよ。

翁先生が教えてくれた手の使い方。

この四か所で吸いつくようにつかみなさい。

指先でつかむな、ということ。

母指丘と小指側の柔らかいところで、相手を崩すのだ。

翁先生から、身体を風船のように軽くして捌けと言われ、今度は重くしてとか言われ……全部仙骨なんだ。

植芝先生は、ジイは下手じゃから、オヌシらが上手になってもついて行くよ、と言っていた。

合気はジイが一番強いのにしておけ、と言われていた。

つまり、いつまでも目標を持って伸びろということなんだ。

これでいいと思ったらもう終わりで、伸びないよ。

翁先生ですらそれなのに、私達はまだ入り口にすら入っていないと思ってやらねばいけない。

天狗になるなんて、とんでもない。


翁先生は正直な人であって、分かっていても騙《だま》されてあげていたよ。

信じて批判せずやってみて、体験を通じて良いのか悪いのか自分で判断していくことが大切なのだ。


二十七歳の時、稽古をしていてフッと感じることがあり、突きや蹴りに対して、絶対当たらなくなった。

全身に気を満たして手を出すと、皆それてしまうのだ。

いろんな他流試合をやってみたりしたけれど、翁先生から「相変わらずコツコツをやっているのか」と言われて、スポーツの試合、つまりゲームをするのはやめることにしたのだ。

勝つか負けるかのものは、絶対に勝たないといけない。

ボクシングなんてハングリーでなければやれないし、勝てないよ。

ボクシング、相撲、皆ゲームだ。

三十歳くらいまでしか出来ない。

武道はもっと広いものだし、一生ものだ。

同じ「勝つ」のでも、意味が違うのだ。

「気」は宇宙に充満しているので、手から出すとかいうものではない。

翁先生は、「任せきって考えずにフッと出すと、ピーっとあらゆるところから出るものだ」と言われた。


勉強しないとダメだ。

考えることより学ぶことが大切である。

翁先生の弟子でも、みな天狗になってしまって、俺が一番だという気持ちになってストップしてしまうのだ。

十二神将が本当に出来るようになると、翁先生のようになれるのだ。

掌《しょう》鉄球《てっきゅう》の四つの中で十二神将が一番大事である。

立ち方、足がブワーっと膨らんでこないといけない。

和道で一番大切なことは、そう想像し、そう思い、そう信じ、そう行動し、そう成ることである。

十二神将といつも思って成り切ってやっていると、必ず出来るようになるのだ。

翁先生は、出口王仁三郎師にそれを教えられたのだ。

お神楽舞《かぐらまい》は、神そのものである。


すべて一代のもので、コピーであってはいけないのだ。

各自のものが出て来なければいけない。

そのためには、自分のものにしてしまわなければいけないのだ。

神がかりでは、ダメなのだよ。

神そのものになってしまわないといけない。

その稽古が十二神将だよ。

これもそう想像して、そう思ってやっていくのだけれど、神だなんて思い込むと気狂いになってしまうから、思い込みでなく、本当になってしまわなければいけない。

翁先生は、教えながら学んでいたんだ。

学ぶことは本当に大切で、一生だよ。

眼を閉じていると、習ったことがフッと出てきて、翁先生の姿や声が聞こえてきて、今日はこれをやりなさいとおっしゃるのだよ。

翁先生のは、武田惣角《そうかく》先生のものだ。

技そのものは、ただ中国に渡って八掛掌や太極拳の研究をされ、出口師から、唱えて言霊《ことだま》の音で動くことを教えられ、お神楽の動き、神そのものの動きになって、自分のものを造ってしまわれた。

自分自身のものにした。

各自がそうあらねば、本当はいけないのだ。

太刀の稽古で、突きが一番難しいけれど、翁先生に言われたのは、突く心の生じた時に、スーっと入れということだった。

それを最も早くマスターする方法は、剣先を喉に引っつけて動かそうとする心が生じた時に、動く稽古をするのだ。

後頭に引っつけても、同じ気が発動したと同時に動くのだ。

翁先生の手は、非常に柔らかい手だったよ。

一番大切なことは、思い込みであり、成り切ることだ。

治療をやる時は、俺は治療の神様であると成り切ってしまわないといけない。

一点の疑いもなく、そう思い込むことだよ。ちょっとでも「ダメなのではないか？」とか「あれ？」とか思ってはいけない。

重心を落とすのでも、相手が持ち上げそうになっても笑って、絶対に重くて上がらないと思い込むのだ。

みな思い込みが足りないのだ。成り切ることが出来ないのだよ。

翁先生は、必ず祝詞《のりと》をあげて、お前は神なんだから、神だと思って動きなさいと言われた。

神がかりはダメで、何かあると普通に戻ってしまうからいけないのだ。

神に成り切ってしまえば、人がどうであろうと関係ないのだ。

青柳宮司《ぐうじ》さんが言うには、宮司も神の媒体に成り切らんといけない。成り切ると出来るようになるのだ。

翁先生は、この空気の気圧を念力で一点に集中させることを眼で睨んで思うことで、このジイでも出来るぞと言われた。

十気圧なら、二十や三十気圧に思い込むことで、誰でも出来るのだよ。

翁先生は、一日四回、必ず神様に祈って祝詞をあげておられたよ。

祝詞をあげながら、神に成り切って行くんだ。

神にならんとダメじゃと言われていた。

どんなことでも、それに成り切ってしまわないといけないのだ。

オヌシも、治療の神様に成り切ってしまわないといけないのだ。治療は、やる人間とされる人間が一つにならないと、絶対に効かない。疑っている間柄では効かない、ツボの急所に手がいくと、何かグッと相手が応じてしまうと、一つになってしまうよ。相手が何を思おうと、それに神に成り切ってしまうと、相手は感じてしまうのだ。

翁先生は、あれだけ年齢がいかれても、若い人をポンポン投げて捌かれたのは、神に成り切っていたからだ。思い込んで成り切ることが出来たら、年齢も体重もパワーも関係なくなるんだよ。

自己暗示をかけて思い込むことが大切なんだ。

翁先生は、稽古の時、素直になって赤ん坊のような気持ちになって稽古されることを、大変喜んでいたよ。

翁先生は昔、合気の技でも、健康に効くツボがどうのこうのと教えられていたのだ。

今の奴らは強い弱いしか興味がないから、教えないのだと言っていた。

私の今思っていることは、ツボは強く打つと死ぬけれど、いい刺激が入ると健康になるということ。

だから、気功治療になるようなものにしたいと、研究しているのだ。

昨日やった坐る稽古技でも、翁先生に祈って聞いたら、もう仙骨も出来ているから、坐り技を教えなさいという声が聞こえたから、やったのだ。


本当の実践で役に立つのは、合気道の今の奴らのやっている技や、空手のようにガチッとした技ではないのだ。

あんなことをやっていると、一対一には通用するけれど、戦争とか多人数になると串刺しになって殺されるよ。

本当に実践になって役に立つのは、植芝翁先生のような、あの柔らかい動きなんだ。

すれ違う刹那で生きるか死ぬかが決まるんだよ。

すれ違った時が、もう最後なんだ。

翁先生にそれを言ったら、やはり本当の実践をくぐり抜けて来た奴は違うな、と言われたよ。

柔らかくしないと取れないのだ。

かわせないのだ。


翁先生が凄いなと思ったのは、虫の鳴く声を聴かれて、この声は明日までの命だなとか、死ぬ時間をピタリピタリと当てられたことだ。

なぜ分かるのかを聞いたら、言葉では言い表わせないなとおっしゃっていたよ。

翁先生は、その人間その人間を見切って教えられたのだ。S先生のことはこう言っていた。「あれはワシの悪いところばかり真似をして、ジイが六十過ぎてから悟ったことを教えてやるから習いに来いと言っても、また神がかりのことかと言って習いに来なかったのだ」。

そのおかげで、手取り足取り私は教えていただいた。妬まれるとオヌシが可哀そうだからと言って、稽古をする時は皆がいない時、窓を閉め切って稽古を人に見せないでやってくださったのだ。

ジイが死んだら、合気を名乗らず、名前を変えてやりなさいと言われて、亡くなった老師に出会ってそのことを言ったら、合気は和の道だから、和道が良いだろうと言って、そういう名前になったのだよ。

翁先生は、その人その人によって見せる態度が違っていたのだ。だから、弟子でもいろいろ言うことが違っているのだよ。

私に見せる表情は、本当に気さくで愛情に満ちた優しい顔だったよ。でも、本当に厳しい人でもあった。

戦場では戦場心理というものがある。

怖くて皆殺しにしてしまうのだ。

愛のないところに正義なんてない。

戦争に正義の戦いなんてあるわけがない。

みな欲のためなんだ。

ボクシングで血みどろになって、完全に倒して喜んでいるのなんて大嫌いだ。

相撲のように、一瞬で決まり、相手を傷つけないものが一番いいのだ。

技の稽古でも、相手だけを痛めつけて、自分は満足というのはいけない。

自分も同じようにして、そしてお互いが伸びていく在り方が大切だ、と翁先生はおっしゃっていた。

翁先生は、赤ちゃんの手にならないといけないと言っていた。
意識や心が働かないのだ。
赤ちゃんの、そんな手にならんといかんのだよ。
翁先生に習ったこの足での一教《いっきょう》や、小手投、誰も習った人間はいないはずだ。
本当に足で四方投げを上手になさったよ。
これもみな仙骨の稽古なんだ。
翁先生は、合気はこの植芝のジイが一番強いことにしておけと言われた。
そして袴を脱がれて、膝の使い方や、尻を落とすのを見せてくれた。
自分も相手に痛い目にあわされて、相手とともに伸びていく姿勢でないといけない。
翁先生の在り方はそうであった。
なぜ皆と打ち解けんのだろう。
お互い気軽にやっていかんと、あれが無くなるともっと伸びるのになあ。

植芝先生は、大東流を基礎にされて、その足りない分を中国拳法の八卦掌などから取り入れられたのだ。

そして、瞑想なんかで心法を研究されて、合気が出来上がったのだよ。


二日前、柔道六段という方と手合わせした時、翁先生や老師の言っていたことをフッと思い出したのだ。

心を解き放して、何もなくなったら、相手は勝手に飛んでいたよ。

何した感覚もないのだ。

あ、これかと思った。

そして、これをどのようにしたら教えることが出来るか考えたのだけれど、本に書きようもないし、ビデオでも分からんし、大変難しいな。

やってやって、教え伝えるしかないのだよ。


手は、握りこぶしであっても、手が開いていても同じなんだよ。

ただ手がなくなると思うことを信じ切れば、誰でもなれるのだ。

これは、三十年前翁先生に言われ、これが出来ないと、このジイを超えることが出来ないと言われたのだ。

それを、滝に打たれた時フッと思い出し、出来ると思ってやったら、これかと分かったのだ。

これをどうやって皆に伝えたらよいのかを、ずっと考えていたのだよ。

植芝先生が晩年やられたのは、自然に任せて、ただ動くだけであった。

どうしようこうしようという気持ちでなく、争う心もなく、何もないのだ。

自分がないのだ。やろうとする手もなく、ない手が無意識に多々動き、相手が楽になるのだ。

愛なんだ。

力が抜けて、フワッとなるのだ。

すべて心の働きだけなのだ。

心に技がついて来るのだよ。

心を如何に菩薩にするかだ。

翁先生は晩年、弟子にそれを教えようと言ったのに、皆、自分で悟ったような顔をして、気がどうのこうの、一派を立てたりして、我こそはと言って、素直に聞く耳がないものだから、そうなるのだよ。


同じ水道の水でも、美味しく清水のように気持ちを込めて出す水は、本当に美味しくなるし、いくら材料の良いものでも、その心がなかったら、美味しくなくなる。

その人の心そのものが出るのだ。

これは翁先生、大老師の一番言いたかった極意なんだよ。

Sさんのところでも、本当に忙しくて何も頭からなくなった時、一番いいさしみが出来るのだ。

「俺が一番うまいぞ、さあ食べろ」では良いものは出来んのだ。

心そのものが出るよ。


脈をとってスーっとなくなると、腕がなくなっているのだ。

これは誰でも出来るのだ。

私が出来ることは、誰でも出来るのだ。

これが、翁先生が晩年やられたことである。

翁先生のやられた稽古の前の鎮魂は、すべてを浄められたのだよ。

浄めなんだ。

残像も、これは念の働きなんだ。

植芝先生はこれを忍者のようにやられたのだ。

これも思う念である。

ここに残ると思って動くと、思わず動いているのだけれど、そこを突いてしまうのだよ。

昔、翁先生に会いに行ったら、翁先生が前の日から「トラは昔からヨモギ餅が好きじゃから」と言って自ら餅をついて作ってくれ、自分では何も言わずに出してくれた。

後で弟子からその話を聞いた時、本当に申し訳なかったよ。

押し方でも、手の力で押すやり方、肘で押すやり方、肩甲骨で押すやり方、完全に手をなくして動くやり方がある。

翁先生は完全になくすやり方であった。

翁先生が「武産合気」と言った意味が分かったよ。
今回行って、そう思ったよ。
空手とか少林寺とかではないのだ。
それを和して包むものなんだよ。
合気なんだよ
和道は、全部と和していく道なんだ。

形ではないのだよ。

翁先生は、お茶などを飲んでいる合間にも教えてくれた。
稽古は道場だけではないのだよ。
喫茶店でも出来るのだよ。
そこが和道のいいところなんだよ。

翁先生は武産合気じゃとおっしゃって、合気道とか言わなかった。
今度関東に行ってつくづく思ったことは、その意味なんだ。
武を包み込むものなんだ。
合気道とか狭いものではなく、全部包み込むのだ。

一つ悟ったら、三つにして、工夫して教えなさいというのは、コピーから始まり、身体で分かったこと、心で感じたことを工夫して教えなさいということなんだ。

翁先生は、昔、七つ教えて三つ残しておきなさいと言っていたのだ。三つは本人に工夫させなさいと言っていたのだけれど、晩年は、武産はすべて教えなさいと言っていたのだ。

現在、翁先生のビデオを見ていると、ちょっとした手の動きの中に、武産が入っているのだよ。

それで全く違ってきているのだ。

翁先生のは、何もないのだ。

そして力なんて一つも使われなかったよ。


禅は即断なんだ。

答えウンヌンより、すぐ答えを出さないといけないのだ。

何のために治療しているかと言ったら、開き直って飯のためと言っても、千年後の人の種籾をつくるために、飯を食らうためにと答えればいいのだ。

翁先生が自分の職業を百姓と答えたのは、種子をつくるためという意味があるのだ。

私も同じなのだ。

人を造るための百姓なのだ。


一指禅功の禅とは、手の指一本一本がバラバラに動くのだよ。

稽古においては同じ立場じゃぞ、と翁先生はおっしゃっていた。

掌鉄球は翁先生の神楽舞とヨーロッパの方の本能の踊りの潜在意識の動きを練ることによって、自由に出るように訓練して、火事場の馬鹿力が出るようにしたものだ。

大切なものは、仙骨、呼吸、姿勢を正すこと、動きを一つにしてやれるように訓練すること。

ババ様も、翁先生も、腰を柔らかくしておきなさいと言っていたけれど、本当に大切なことだよ。これがないと受身が取れないし、突きに対しても威力がないのだ。

ある時、翁先生に、虎〔早川〕を十五歳頃から見ているけれど、ジイのいなくなった後、種子を残して欲しいと言われた。

それが出来る人間と見込んで頼むぞと言われたのだ。

人をつくる百姓になって欲しいと言われたのだよ。

若い頃なら、力を蓄えるということもあろうけれど、時間が欲しいのだ。
種子を残して、千年後のためになるのなら、関東へでもどこへでも行くよ。

姿勢が崩れると、ジイも倒れてしまうぞ。
人間じゃからなと、翁先生はおっしゃっていたよ。

西洋のはスポーツで、力であり、筋肉トレーニングであり、勝ち負けなんだ。
東洋のは、あくまでも心から入っているのだ。
すべて心法があるのだよ。

武産合気は仙骨から発するのだと、植芝先生がおっしゃっていたよ。
つまり、動けばすべて技にならないといけないのだ。
合気は技術的なものがあるけれど、それを超えると神気になるのだ。

昔、翁先生が武産合気を伝えた。
秘蔵っ子〔早川師父のこと〕が外地に行っていると言われたのを聞いたという方がいて、
その方が、翁先生が今生きていたら、私〔早川〕を見て喜ばれるだろうねと言っていたよ。

植芝先生の弟子の吉峰博士が、飲んで歩いてばかりで、稽古せず、もっと翁先生に習っておけばよかったと言っていた。

翁先生が「私には武産合気を伝えた、神様からいただいたマレーの虎という子がいて、武道の天才なんだ」と言っていたらしい。

ただ俺の場合は、格闘技とか護身術ウンヌンより、実践とかいろんなことを経験して、人間の生きざまの方が大切だと思っているんだ。

武産合気は、どの武道の中にもある合気であり、合気は→←じゃ、これを自分のものにしなさい、合気は大いなる和である、と翁先生はおっしゃっていたよ。

突然横から腕を持たれたらどうのこうのは、習っているから、習っていないからではないのだ。

翁先生の言われた、動けば技になるということが大切なんだよ。


私の習った翁先生の練習法は、雑談やお茶を飲んでいる最中に、こう持たれたらどうするか、というようなものだったよ。

道場ウンヌンより、一緒にいて、二十四時間、習ったのだ。

それをマレーに行った時に実行したんだ。


技がどうのこうのより、強いとか弱いとかより、教える先生の人生観や思想、考え方でついて行った。

人それぞれ違うし、張祖師にしても、植芝先生にしても、ババ様にしても、同じことをおっしゃっていたよ。

十四、五歳の時、拓大の十九歳の学生たちと試合をして倒して思ったことは、強い弱いより、習ったことが正しかったんだなということだった。

翁先生が言われたのは、武産合気は、倒すとか痛めつけるとか柔術で一番よろしくないことはしない、触れるだけで、捌くだけで、痛くなく気持ちが良くないといけないということ。

稽古が終わった後、楽になって疲れが取れていないといけないとおっしゃっていた。

強く握ると、止まってしまうのだ。

柔らかく、指が一本一本自由自在に動いていなければいけないのだよ。

翁先生は、ジイの死ぬ直前が一番強い時じゃろうとおっしゃっていたよ。

鉄兜が斬れる刀は、村正《むらまさ》だったけれど、私でも翁先生でも、そんな刀は選ばないだろう。

バナナの中に割箸を入れて、ティッシュで斬ったら、割箸が放れて、バナナがそのままの形で地面に落ちた。

後でバナナを調べたら、中身がグシャグシャであった。

吉峰博士が、翁先生を超えているのではとおっしゃっていたけれど、翁先生に教えられて二十年、老師に叩かれてやっと分かったのだ。

発見したというより、リサイクルしているだけなのだ。


若い頃の翁先生は、喧嘩をして負けて帰ると、この未熟者めがといって怒られた。

勝って帰ると、喜んでおられたよ。

張祖師にしても、十五歳の時、町のヤクザを少しやっつけて来なさいと言われて、六人相手にして片づけた。

師は隠れて見ておられ、危なくなると出ようかと思っていたらしいよ。

翁先生は、私のことをワシには神様の弟子がいると言っていたらしい。

その子は外地にいて「マレーの虎」と呼ばれていた、という話であった。

FさんとYさんが居なくなったと思ったら、便所の横で稽古をしていた。飛行機の中でも、こう持たれたらどうするとか言って稽古し、シンガポール空港でもそうだった。

ホテルの中でも、ベッドをどかして稽古をした。

二十四時間やったよ。

翁先生の稽古もそうであった。


翁先生に言われたことは、合気の極意は人造りと国造りにあるということ。

そして、「日本の在り方をお前はどう思うか？」と問われたので、「今までの日本の歴史を見ると、全部侵略で日本は成り立っているので、いけない」と率直に言わせてもらった。

一番大切なのは、和することです。

相手をやっつけることではありません。

和するために、そういう気持ちにさせない強い力が必要ですと言ったら、「その通りだ。それが合気の極意じゃ。お前に合気の極意を授けよう」と言われたのだよ。

千年後のことを考えると、人造りの種子を造っていかないといけないのだ。

I先生とマレーに行って教えていた時、私のエネルギーがズーンとお腹の中に入って、それ以来、丹田《たんでん》に重心が落ちた、と言っていたよ。

そのことは、私も翁先生と稽古をしていた時に感じたし、滝に打たれていた時にも、熱いものを感じた。

なんとも口ではうまく言えない感じだな、あの感じは。


神はすべてそうさせているのだ。

自分の今までのことはすべてそう思う。

神は、私に何をさせようとしているのか、そう考えると、千年後のアンノンマン〔進化した超人類〕を造れということなのだ。

翁先生からも、人造り、国造りのために生きろと言われた。

それが出来る人間だと言われた。

それがないのなら、どれだけ強くても、十段であろうと七段であろうと、屁にもならない、意味のないことだと言われた。

そのために和していく力が必要なんだとおっしゃっていた。

翁先生の稽古は、稽古の時間でやるというものではなかったよ。雑談している中で、こういう場合はどうするか？　こういう場合は？　という具合であった。

今度マレーシアへ行っての稽古はそうであったから、翁先生の稽古の在り方そのままだった。

それで、二十四時間の稽古になったのだ。

翁先生は私に教える時、なぜ誰もいないところで稽古をつけたのかと言うと、私が人から妬みを受けるからなのだよ。

植芝先生が乗り移っているみたいだ、と吉峰博士が言っていた。

そして翁先生を超えているのでは、と言っていたけれど、とんでもない。

翁先生は神そのもので、生きている間は絶対に超えることは出来ません。

ただ神と一つになることは出来ます。

そのように心がけているのだ。

翁先生の眼は、初め緑色になり、それから金色になったよ。

そうすると、みんな飛んで行ったよ。

吉峰博士が、私の手を持ち、翁先生と同じ柔らかい手だと言っていた。

Aさんもつかんだら、つかんだ自分の手が放れないと言っていた。

反発する気すらなくすることが、人間の脳は出来るのだよ。

自分でここまでと限界を決めてやっていてはいけないのだ。

吉峰博士は、私が翁先生を超えていると言っていたけれど、翁先生は神様だから、神様を超えることなんて出来っこないのだ、と私は言ったよ。

そのことより、毎日これでもかこれでもかと老師に叩いてもらったことと、毎日素直に自己否定して稽古をやっていたら、自然とここまで来たのだということ。
そう思い、そう信じ、そう行動すると、そう成る。実行していく以外ないのだ。

格闘技で、強い弱いのことより大切なのは、翁先生が言っていた、この筋をつかむと腰が楽になり、ここを押さえると肝臓に良いとか言って、相手を活かすことだよ。

翁先生に比べると、まだまだだよ。
翁先生は神なんだ。
超えることは出来んよ。

ただ一生懸命努力すれば一つになれるだろう。

酒を飲んだり遊んだりしていい加減にやっていては出来ないし、一生かかっても出来ないけれど、一緒の境地になることは出来るのだよ。

師を超えるなんて、とんでもないことなんだ。

生活が乱れた師なら超えられるかも知れんけれど、コツコツやっている師は、一生かかっても師が上なんだ。

ただ同じになることは出来る。

だからコツコツやっていくしかない。

自分はまだまだと思ってやって行くしかないのだよ。

仙骨の喝を身につけないといけないのだ。

声が出ようが出まいが、それが出来ないといけない。

翁先生のは、何となく引き込まれたり、押されたりしたけれど、仙骨の動きと入り方一つでそうなってしまうのだ。

これは、相手が踏ん張って、頑張っていようとも関係ないのだよ。


武道で一番大切なのは、格闘技ではないのだよ。

武道はどう生きるのか？　どう死ぬのか？

そして一番大事なのは、自分自身を信じ切る以外にないということ。

たとえば、翁先生のようになりたいと思ったら、自分はそうなれると素直に信じることなんだよ。

俺が翁先生に言われたのは、ジイに三時間習ったら三ヶ月の価値があり、三日習ったら道場で三年やるより価値があるということだったけれど、俺は素直にそれを受け取ったのだよ。

全部、どう思い、どう信じ、どう成るかが大切なのだよ。

翁先生の言われた、合気の極意→←は相抜けであり、無の状態なのだ。

無い状態で動かなければいけないのだ。

ぶつからないのだ。

自分も無くなり、相手も無くなることが大切なのだよ。

翁先生が教えようにも、死生の間をくぐって来た人間にしか分からないことがあるのだ。

俺が教えていただいた理由は、戦地で生き残ったからなんだ。

本当の戦いの中で生き残った経験で、翁先生の言うことが本当に分かるのだ。

翁先生は「何をジイから習いたいのだ」と聞いたので「翁先生の生きざまと心のすべてを習いたいのであり、技なんて習いたいとは思いません。翁先生もいずれ死にますからね」とはっきり言ったら、死の境をくぐり抜けただけあって、言うことが違うなと言われ、お前にはすべてを伝えようと言われたのだ。

翁先生は昔、経絡のことを教えた時間があるのだ。

この一指禅功はある程度の仙骨の基礎がないと出来ないのだよ。

みな以前より出来てきたので、これを教えだしたのだよ。

千年後の一粒の種子を育てるために、翁先生はやっていたのだ。

翁先生は、自分の息子を道のための息子とちゃんと分けていたのだ。

ワシには、神様から授かった子がいるとおっしゃっていたと、吉峰博士が言っていたよ。


翁先生が一番嫌われたのは、総合武道ということだ。

武産合気は、すべて動けば技で、別々のものなんてないと言われた。

和道とは、特別なものでなく、今までやって来たものがすべて生きて来るのだ。

翁先生のように、神そのものになってしまわなければいけないのだよ。

和道を形のものとして押しつけるつもりは毛頭ない。

少林寺なら、少林寺に活かせばそれでいいのだよ。

少林寺の中に、仙骨を入れること、経絡の使い方、柔らかさをプラスにすればいいのだよ。

翁先生は、武産とは動けば技にならないといけないのだ、そして相和していかねばいけないのだとおっしゃっていた。

相手が八で来れば二で対して、十の力でくれば零（ゼロ）で対してなければいけないのだよ。

翁先生の教え方は二通りあった。

道場でのみ教えるやり方と、お茶でも飲んで手取り足取り、ここはこうじゃと言って教えるやり方があった。

私は後のやり方を取ったのだ。

それが本当の教え方だよ。

N先生は対練で一人一人教えて確かに親切だけれど、応用が効かないのだ。

シーフのは具体的でもっと深くて分かりやすく、応用が効くと言っていたよ。

私のことを、人から人間国宝とか言われるのが一番嫌いだ。

そう言われて、一手十万とか値段がつくのか。

実にくだらんよ。

そして、翁先生や三船先生、張祖師、照屋先生など、老師の超一流を身近に見てきているから、そんな気になれないんだよ。


翁先生は「私は神だ」と言った。

その自覚があそこまで行かせたのだ。

釈迦の天上天下唯我独尊なんだ。

自分がそうだと自覚しないと、あそこまで行くことは出来ないのだよ。

翁先生は、自分のことを武道家でもなく宗教家でもなく、「ワシは神じゃ」と言っていた。

その気持ちがないと、あそこまでは行けなかったし、その自覚が大切なんだ。

四十歳以降、自分はどう生きたらいいのだろう、何をすればいいのだろう、ということにぶち当たって、教えるというより、翁先生に教えられた道を進む以外ないと思ってやってきたのだよ。

自分の進むべき道はこれしかないのだ。

翁先生だから出来る、自分は出来んと言ったら、老師に叩かれた。

人それぞれの才能があり、自分で殻を造って、それで抜け出せなくなっている。

自分の才能を活かすように信じてやっていると、いずれ追いつき、いずれ越えてしまう、と老師はおっしゃったのだ。

本当にそう思って、自分も出来ると思ってやれば良いのだ。

そして、翁先生は神がかりだからと言って、習わない奴が多かったのだ。

そこを素直になって、翁先生よろしくお願いいたしますと言えば、いくらでも教えてくれたのだよ。

肩甲骨の動かし方なんて、翁先生は皆に教えていないのだ。
私には、裸になって教えてくれたのだ。

大切なのは、仙骨と経絡と呼吸なんだ。
技はそんなに覚える必要はないのだ。

つたがらみの足捌き、経絡捌きを翁先生に教えていただいたのだよ。
こんなのは、道場ではまず絶対に教えていないものなぁ。

坐っている時、頭を押されたり肩を押されたりした時は、どこの力を脱くかと言うと、肩甲骨の力と肩甲骨の間の背骨の力を脱くと、重くなるのだ。

早川宗甫（はやかわ・そうほ）

一九二四（大正十三）年、シンガポール生まれ。「和道」の開祖。九歳で少林寺僧の張祖師に師事、十五歳で植芝翁先生に師事、五十二歳で禅僧の大老師と老師に師事。二〇〇〇（平成十二）年に没。

愚朗（ぐろう）

本名・千葉東勇平（ちばと・ゆうへい）。一九四九（昭和二十四）年、石川県生まれ。早川宗甫に師事し、武道歴四十六年。金沢市で治療師を務める。

植《うえ》芝《しば》翁《おう》先《せん》生《せい》の教《おし》え

二〇二二年四月二五日　第一刷発行

著　者　早川宗甫《はやかわそうほ》／愚朗《ぐろう》

発行者　堺　公江

発行所　株式会社講談社エディトリアル
郵便番号　一一二-〇〇一三
東京都文京区音羽　一-一七-一八　護国寺ＳＩＡビル六階
電話　代表：〇三-五三一九-二一七一
販売：〇三-六九〇二-一〇二二

印刷・製本　株式会社新藤慶昌堂

ISBN978-4-86677-107-6